使いこなすACT(アクセプタンス&コミットメント・セラピー)
──セラピーの行き詰まりからの抜け出しかた──

著
ラス・ハリス

監修
武藤崇
監訳
三田村仰，酒井美枝，大屋藍子

星和書店

Getting Unstuck in ACT

A Clinician's Guide to Overcoming Common Obstacles in Acceptance and Commitment Therapy

by

Russ Harris

Translated from English
by
Takashi Mitamura, Ph.D.
Mie Sakai, Ph.D.
Aiko Oya, Ph.D.

Supervised by
Takashi Muto, Ph.D.

English Edition Copyright © 2013 by Russ Harris

Japanese Edition Copyright © 2017 by Seiwa Shoten Publishers, Tokyo

Japanese translation rights arranged with NEW HARBINGER PUBLICATIONS INC. through Japan UNI Agency, Inc.

5人の素晴らしき友，Mike Brekelmans, Paul Dawson, Tref Gare, Cam Rule, そして，Johnny Watson へ。みんなが居てくれたことに感謝したい。僕の人生を深く，満たされ，意義のあるものにするうえでとても多くの役割を担ってくれた。そして，僕が行き詰まったときに助けてくれたよね！

謝　辞

　最初に，山ほどの感謝を僕の指導者である Steven Hayes, Kirk Strosahl, そして Kelly Wilson に捧げる。アクセプタンス＆コミットメント・セラピーの先駆者である3人は，非常に大きな影響を僕に与えてくれた。

　Louise McHugh, Louise Hayes, Niklas Törneke, そして Georg Eifert に心から感謝する。僕の原稿について，とても貴重なフィードバックとコメントをくれた。Shawn Smith には特別・格別・超・とびっきり・最高・最大・心から感謝する。直前に，原稿全体を読んで，たくさんの役立つアドバイスをくれた。そして，僕の感謝の気持ちは，自ずと，世界の ACT のコミュニティー全体にも広がる。素晴らしい素材によるサポート，励まし，そして補助をもらった。

　最後になるけれど，トラック数台分の感謝を New Harbinger 出版，特に Catharine Meyers, Jess Beebe, そして僕の編集を担当してくれた Jasmine Star（名前のとおり，この作業における正にスター・・・だった！）に捧げる。みんな，この本のために大変な仕事を引き受け，気遣い，そして注意を向けてくれた。ありがとう。

もくじ

はじめに：ACT で行き詰まってる？　　1

第1部　私たち自身を行き詰まりから解き放つ　7

第1章　自らを知ろう　……………………………………　9

よくあるセラピスト側の課題　　9
セラピスト側の認知的フュージョンと回避　　19
実践への糧となることを願って　　20
さあ，実験だ！　　21

第2章　あなたはどこに向かっているのか？　…………………　23

ケース概念化の基本　　23
ケース概念化のための簡易ワークシート　　26
どこから始めるべきか　　35
さあ，実験だ！　　37

第3章　柔軟性と強化　………………………………………　39

ヘキサフレックス・ダンス　　39
トリフレックスの上でダンスする　　41
モデルを示し，促し，強化する　　47
セッションとセッションの間での有効な行動を促す　　52
分化強化　　53
さあ，実験だ！　　54

第4章 きっかけと見返り ·································· 55

きっかけ，行動，そして見返り　55

機能を見極める　58

情報を集める　63

効果的な介入を生み出す　68

機能分析がもたらす恩恵　71

さあ，実験だ！　72

第2部 クライエントを行き詰まりから解き放つ　73

第5章 乗り気でないクライエント ··················· 75

乗り気でないクライエントの心をつかむ4つのステップ　75

プロセスを修正する　82

さあ，実験だ！　84

第6章 クライエントが軌道に乗り続けられるよう助けよう ····· 85

継続に向けた方法をスタートする　85

ACTセラピストにおける新たな方略の実行を妨げるものとは何か　88

目的の定まらない，あるいは非生産的なセッションを認める　89

アジェンダの設定に同意を得る　90

クライエントの抵抗を扱う　91

価値の的をアジェンダの設定に用いる　96

オフトラック／オントラック・テクニック　99

さあ，実験だ！　108

第7章 価値に潜む罠 ································· 109

いつ価値を導入するか　109

もくじ vii

どのように価値を導入するか　110
クライエントが行き詰まりやすいポイント　120
さあ，実験だ！　135

第8章　礼儀正しいさえぎり　　137

話が止まらないクライエント　137
有効でない行動を徐々に減らすための6つのステップ　142
さあ，実験だ！　157

第9章　「私はただ取り除きたいだけなの！」　159

アクセプタンスのための準備をする　159
アクセプタンスにおける典型的なつまずきポイント　163
さあ，実験だ！　178

第10章　厄介な思考　　179

知的に説明してしまうこと　179
クライエントを否定してしまうこと　182
テクニックに柔軟でなくなってしまうこと　185
偽の脱フュージョンを促してしまうこと　188
セラピーを目覚めさせる3つの間欠泉　189
スモールステップ　194
ポジティブとネガティブの両方から脱フュージョンする　195
さあ，実験だ！　197

第11章　自己に行き詰まる　　199

ラベル化された自己　199
発展途上の自己　200
切り離された自己　201

viii

自己の問題をターゲットとする　202

柔軟な視点取得：文脈としての自己の「拡張された」定義　203

超越に行き詰まる　207

さあ，実験だ！　214

第12章　動機づけのないクライエントを動機づけよう ……… 215

方略1：ゴールと価値をつなげる　216

方略2：効果的にゴールを設定する　217

方略3：スモールステップを踏む　219

方略4：むちではなく，あめを使う　219

方略5：障壁を予測する　220

方略6：代償に直面させる　221

方略7：ウィリングネスを育む　222

方略8：理由づけから脱フュージョンする　222

方略9：サポートを得る　223

方略10：リマインダーを使う　223

さあ，実験だ！　224

第13章　苦しい板挟み ……………………………………… 225

ステップ1：即時的な解決策は存在しないことを明確にする　226

ステップ2：それぞれの選択肢の費用対効果を分析する　227

ステップ3：完璧な解決策が存在しないことに気づくのを助ける　227

ステップ4：「選択しない」という道はないことを説明する　228

ステップ5：今日一日の選択を認識するよう求める　229

ステップ6：態度を明確にするよう促す　229

ステップ7：じっくりと考えるための時間をつくる　230

ステップ8：物語に名前をつけるのを助ける　231

ステップ9：エクスパンションの実践を促す　232

ステップ10：セルフ・コンパッションを育む　233

実践の継続を促す　234

もくじ　ix

さあ，実験だ！　234

第14章　自分を優しく抱きしめよう ……………………………… 235

セルフ・コンパッション　236
最終手段なのか，あるいはスタート地点なのか？　238
どんなときリファーするのか　238
自分を優しく抱きしめよう　239
さあ，実験だ！　244

文献　245
監修者あとがき　246

✣ 図/表/ワークシートなど

ヘキサフレックスの図　40
トリフレックスの図　42
文脈としての自己を中央に配置した図　205
きっかけ，行動，見返りの表　56, 59, 60, 61, 63, 66
価値の的（Bull's-Eye）ワークシート　93
40の一般的な価値ワークシート　115
ケース概念化のための簡易ワークシート　28
「自分を優しく抱きしめる」エクササイズ　240

はじめに

ACTで行き詰まってる？

アクセプタンス＆コミットメント・セラピー（acceptance and commitment therapy, 以下ACT）を使おうとして行き詰まった経験はないだろうか？　もちろんあるだろう！　どうしてわかるかって？　みんなそうだからだ。そう，ACTのモデルを創始した"グル"たちだってみんなそうだったのだ。実際，僕が最初にACTに出会い，そしてACTに恋をした理由のひとつは，ACTのリーダーたちの謙虚さにあった。

僕は，駆け出しのACTセラピストのひとりとして，ACTのモデルの開発者たち──スティーブン・ヘイズ，ケリー・ウィルソン，カーク・ストローサル，そしてロビン・ウォルサーといった優れた心理学者たち──と共にたくさんのトレーニングを実施してきた。そして，僕は彼らの姿勢に驚かされた。彼らは実に率直に，自分たちがヘマをしたり，間違ったり，自らの臨床能力に疑問を抱いたりすることを認めてしまうからだ。彼らが誠実で，オープンで，そして彼ら自身の弱さに前向きであることは，僕にとって想定外の大事件だった。僕はACT以前にも他のいくつものセラピーのモデルについてトレーニングを受けてきた。ただ，熟練者が欠点を認めたり自身の能力への疑いを明言するのを見たことはそれまで一度もなかった。こうした出来事は，僕が自身の抱える弱さのすべてやいくつもの失敗を受け入れ，そして，僕のなかに深く染み付いていた「私は散々なセラピストだ」物語を鎮めるうえでの助けとなったのだ。

現実には，ACTをうまく使えるようになるには相当の時間と努力が必要だ。確かに，2，3の脱フュージョンのテクニックと価値の明確化のエ

クササイズのいくつかをつなぎ合わせるくらいなら簡単なことだ。現に，それだけでも多くのクライエントの助けになるだろう。そして，これは僕たちの多くが手始めに行うことでもある（僕自身もそうだった！）。でも，それはACTを淀みなく柔軟に，そして効果的に行うことからはかけ離れている。

　もし，僕たちが時間も努力もなんのその，ただ2日間の基本講座からACTを習得できて，そして，ACTを苦もなく効果的にできたなら，それはなんと素晴らしいことだろう。でも残念ながらそんなことはできない。なぜかって？　ACTは単なるテクニックやツール・キットではないからだ。ACTのモデルとは，深くて，複雑で，多層的で，ダイナミックで，そして絶えず進化し続けるものなのだ。だから，ACTの基本原理が多くの人にとってとても簡単に理解される割に，一般に言って，その人たちがそのモデルを淀みなく柔軟に使えるようになるには少なくともそこからさらに2，3年のハードワークと継続的な学習を要する。

　そして，他にも都合の悪い真実がある。こうした長きに亘るACTの学習の間にも，クライエントが行き詰まるたびに，僕たちもみな行き詰まるということだ。実際，クライエントが行き詰まるほど，僕たちの側も行き詰まる傾向にある。僕たちは簡単に「私じゃだめなんだ」物語や「私にはできない」物語にはまってしまって，気がつけば，自分自身の側が苦痛に満ちた感情や自分の至らなさ，絶望感からくる不安やフラストレーションにもがいている。

　でも，良い面だってある。僕たちはみんな着実に成長することができる。とりわけその理由としては，たくさんの役立つヒント，実践的なツール，そして僕たちが自分自身の失敗から学び，もっと効果的に実践することを手助けしてくれる賢い方略が存在するからだ。それこそが，僕がここで読者と共有しようとしていることなのだ。この本のアイデアは，僕が自身の最初の専門書『よくわかるACT』（星和書店）の第13章「『行き詰まった』ときには，どうしたらよいのか？」を書いているときに思いついたも

のだ。それを書いていたとき，僕はこれは1つの章になんて収まりきらない非常に大きなテーマだと気づいた。それは本1冊分に相当するだけのテーマだと思った。そして，ついに4年後，この本が出版されたわけである。

　僕はこの本を，初学者，中間レベルの人，応用レベルの人，すべてのACTの実践家に向けて書いた（ちなみに，この本では全体を通して「セラピスト」という言葉を使っているけれど，みなさんにはこれを「コーチ」「カウンセラー」「医師」などに読み替えてもらってかまわない。この本はACTを使うどんな専門家をも対象としている）。それでも，この本では読者がACTのモデルの基本についてはすでに馴染みがあることを想定している。この本ではACTの基本的な点についてわざわざ紙面を割くことはない。だからもし読者がACTについてまったく何も知らない状態であれば，どうかこの本は一旦脇に置いて，すでにいくつも出版されている入門的なテキスト，たとえば『よくわかるACT』（星和書店）や『ACTをまなぶ』（星和書店）などで学習を進めてほしい。セルフヘルプの本では不十分だから，専門家向けの本を読んでおくことが必要だ。

　この本は新たにACTを始めたときにクライエントと実践家の双方が最も陥りがちな行き詰まりについて扱っている。その内容は，主に僕がトレーニングやスーパーヴィジョンを過去何年も行ってきたなかで多くの人々から見聞きしたことに基づいている。それは僕たち自身や僕たちのクライエントがどのようにして行き詰まるかを明らかにするだけではなく，「行き詰まり」をいかにして人としての成長につなげていくかについても明らかにする。

　この本の第1部「私たち自身を行き詰まりから解き放つ」では，主にACTの実践家の側に焦点をあて，第2部「クライエントを行き詰まりから解き放つ」では主にクライエントの側に焦点をあてている。クライエントが行き詰まるほど，セラピストも行き詰まるし，その逆もしかりだ。そのため，第1部にも第2部にも大きく重なる部分がある。

　各章には役立つツール，テクニック，方略，そして理論が満載で，ウェ

ブを通して自由にダウンロードできる資料もいくつもある（ウェブ資料は英語）。そして，各章の終わりには次のようなテキストボックスが登場する。

> ❀　　　　　　**さあ，実験だ！**　　　　　　❀
> - こうしたテキストボックスのなかで，読者のスキルと知識の向上に役立つようなおすすめの実験を紹介していく。
> - 当然，ここでの実験を読者がしなくてはならないというわけではないけれど，ぜひ実際にやってみてほしい。とりわけ僕たちは単に文字を読むだけではACTを学ぶことはできない。だからこそ僕たちは実際にやってみるべきなのだ！

　理想的には，読者には各テキストボックスでの提案を次の章を読み進める前に一週間まるまる使って試してもらいたい。読者がこの方法をとった場合，この本全体に取り組むのに3，4カ月かけることになるだろう。そうしていくうちに，読者は週を重ねるごとに次のすべてのことについて，どのように対応すればよいかを学ぶことができる。

- 動機づけのないクライエントを動機づけること
- セッション内での挑戦的な行動に効果的に対応すること
- 変化への最もよくある障壁を乗り越えること
- 抵抗をコミットメントに反転させること
- 注意がとても散漫なクライエントを軌道に戻し，軌道を維持できるようにすること
- クライエントに自然な会話を通して脱フュージョンを促すこと
- 強要されて来所に至った気乗りしないクライエントをセラピーに乗せること

- 価値を明確化しようとする際の，クライエントからの「わかりません」にうまく対応すること
- 厄介な問題や解決しえない問題を抱えたクライエントを支援すること
- そして，さらにもっと先へと進むには……

　さぁ，さろそろ始めたくなってきたのではないだろうか？　ためらうことなど何もない。ページをめくってスタートしよう！

第1部

私たち自身を行き詰まり
から解き放つ

第1章

自らを知ろう

ウィンストン・チャーチル卿の有名な格言に「成功とは失敗に失敗を重ねても，情熱を失わずにいられる力である」というものがある。ACTを学ぶという旅を続けるにあたって，ぜひこの格言を覚えておいてほしい。なぜなら，ACTを学ぶという旅にはたくさんの失敗がつきものだからだ。

もちろん，読者だってそのくらいのことは覚悟のうえだろう。複雑で新しい技術を学ぼうとするとき，僕たちは誰もが失敗を経験する。何度も何度も失敗を経験するのだ。もちろんただ失敗を繰り返せばそれで十分というわけではない。失敗を反省することが大切だ。そして，何が起こり，何が起こらなかったのかを見極め，次の機会にはどうすべきか，もしくはどうしないでおくべきかを考える必要があるのだ。

よくあるセラピスト側の課題

まずは，僕たち自身を振り返ってみるところから始めよう。僕たち実践家にとってうまくいかない状況には何通りもある。次にあげるのは最も一般的にみられる状況だ（多くはACTの創始者であるスティーブン・ヘイズ博士のプレゼンテーション資料から引用したものだ）。

- セラピストが一貫しない矛盾したメッセージを伝えてしまう
- ACTについて実践する代わりに議論や説明をしてしまう

10 第1部 私たち自身を行き詰まりから解き放つ

- 熱くなりすぎてしまう
- 修理屋さんになってしまう
- 聞き上手さんになってしまう
- お人好しさんになってしまう
- ぶっきらぼうさんになってしまう
- 型通りさんになってしまう
- 説得しよう，もしくは正しくあろうとしてしまう
- クライエントより一段上の立場をとってしまう
- 1つのプロセスばかりに焦点をあて，他のプロセスをおろそかにしてしまう
- 理論的な基盤の理解が不足している
- 先駆者をまねようとしてしまう

セラピストが一貫しない矛盾したメッセージを伝えてしまう

　ACT を学びたての頃，僕たちセラピストの多くはクライエントに矛盾したメッセージを送ってしまいがちだ。たとえば，不安に対するアクセプタンスのエクササイズを想像してみよう。クライエントが「あー，とても気分が良くなってきました。私の不安は今消えてなくなってしまったようです」と言ったとき，僕たちが「それはすばらしい！」と応えたらどうだろうか。これは，エクササイズが不安を低減させるためのものだという間違ったメッセージを送ってしまったことになる。そうなってしまうと，クライエントは「アクセプタンス」のスキルを不安を取り除くために使うようになり，体験の回避へと逆戻りしてしまう。

　また，クライエントがネガティブな自己批判から脱フュージョンできるよう励ます一方で，自尊心といったポジティブなものにはフュージョンするようセラピストが励ましてしまっている場合もある。これは，クライエントがずっと苦しんできている「概念化された自己」とのフュージョンと

同じ罠にセラピストがクライエントを再びはめてしまっていることになる。

ACTについて実践する代わりに議論や説明をしてしまう

僕たちは，単に言葉で説明を受けただけでは，車や自転車に乗ったり，ケーキを作ったり，自分の名前を書いたりすることすらできない。僕たちは，実際の練習を通してのみこれらのスキルを学ぶことができる。同じことがACTで伝えるスキルにもいえる。僕たちは，**セッションの中で実際に練習をしなければならない**。多くのACTの初学者がまず気づくことは，かなり積極的に取り組まなければ実際の練習はできないということ，そして意識的にも無意識的にも僕たちがこのことを避けてしまっているということだ（僕自身もそうだった！）。結局のところ，僕たちもまたクライエントと同じく体験を回避していて，不安なんて味わいたくないのだ。僕たちにとって，セッションを会話だけでいっぱいにしてしまう方が，クライエントになにか体験的なエクササイズへ取り組んでもらうよう求めるよりも，不安はずっと少ない。特にクライエントにとって不快な体験をさせるエクササイズであればなおさらだ。ここで問題になっているのは，ACTセラピストの初学者がセラピーで間違ったことを言ってしまうというようなことではなく，むしろACTを実際にやらずにただの会話に終始してしまうことだ（スーパーヴィジョンにおいて，スーパーヴァイジーから「私は彼とアクセプタンスについて**議論しました**」や「私たちは脱フュージョンについて**話し合いました**」という発言が出てきたならば，それは実践をしていないことの決定的なサインだといえる）。

ACTを学ぶクライエントのために，僕たちはセッションの中で自身がACTのコアプロセスの積極的なモデルとなって，クライエントを後押しし，そして強化しなければならない。ACTの実践に必要なのは**体験的**であることだ。可能ならばいつでも雑談を減らしてみよう。説明は短く優し

く，そして説教臭い話よりもちょっとしたメタファーと体験的なエクササイズを用いていこう。

もしACTを行う代わりにACTについて議論してしまっていることに自分で気づいたら，クライエントに次のように切りだせばいい。「すみません。たくさんの議論をしてきましたが，まだ実践に入っていませんでした。ギターの弾き方を習うのに，弾き方について考えたり議論したりするだけじゃ仕方ありませんよね。実際にギターを取り出して弾いてみないといけません。ACTもそれと同じなんです。もしよかったら今ここでちょっとしたエクササイズをやってみませんか」。そして，価値の明確化やゴールの設定，マインドフルネスの練習などを導入することができるだろう。

セッションの最後は，次のセッションまでの間にクライエントが何か試してこられるように，エクササイズの実践や価値に基づいた行動の方法を伝えながらコミットメントに焦点をあてて終えるべきだ。ここでコツを一つお伝えしよう。僕は「宿題（ホームワーク）」という言葉を使うことはおすすめしない。クライエントは普通「宿題」という言葉が好きではないからだ。その代わりに，「やってみましょう」「試してみましょう」「練習してみましょう」「実験をしてみて何が起こるのか見てみましょう」といったフレーズを使ってみることをおすすめしたい。

そして，次のセッションを開始するときには，まず，クライエントの実施したコミットメントがどんなものだったのかを振り返る。クライエントはそれをやり遂げることができたのだろうか？　もしやり遂げられたなら，そこでの体験はどのようなものだったのだろうか？　もしやり遂げられなかったなら，それを妨害したものは何だったのだろうか？

熱くなりすぎてしまう

これはセラピストがACTについて議論しすぎてしまうことの裏返しな

のだけれど，セラピストはときにクライエントの苦しみに十分共感したり，承認したりしないまま介入に急いでしまうことがある。正直に言うと，僕自身もACTを始めて間もないころ同じ失敗をしたものだ。当時，僕は脱フュージョンのテクニックの素晴らしさに酔いしれていて，クライエントが今どういうプロセスの中にいるのかを十分承認しないまま，テクニックに飛びついてしまっていた。

修理屋さんになってしまう

僕たちは色々な形で修理屋さんになってしまう。たとえば，それが最終的にクライエントから力を奪うことになるにもかかわらず助言ばかりして指示的になってしまったり，クライエントの問題を本人に成り代わって解決しようとしてしまったりする。僕たちに必要なのは一息ついて，落ち着いてから，今この瞬間を十分に感じ，クライエントが第2章で示す戦略を用いて自分で問題を解決するための心理的なスペースを作り出すことだ。

聞き上手さんになってしまう

僕たちは，また，クライエントの話を単に傾聴するという役割へと簡単にはまり込んでしまうかもしれない。クライエントがセラピストに話を聞いてもらっている，理解してもらっていると感じ，セラピストもまたクライエントの心地よい領域から踏み出す必要がない状態，それは短期的には両者が満足している状態といえる。でも，そんな絵に描いたような理想の状態は現実のACTでは，わずかしか，もしくはまったくと言っていいほど起こらない。それがセッション内かセッションとセッションの間かを問わずだ。長期的に見れば，それがクライエントの心理的柔軟性を高める機会を奪ってしまうからだ。そこで，ここでもまた，ACTについて議論や説明をしてしまう問題に対してしたのと同じアドバイスをしておきたい。

積極的にやってみること（ACT-ive）が大切だ！　もちろん，クライエントの話に対して思いやりや尊敬の気持ちをもつことは重要だけれども，セラピストが積極的に ACT プロセスの手本となって，促し，強化することもまた大切なのだ。

お人好しさんになってしまう

　読者はセッション内で毎回毎回繰り返されるクライエントの問題行動に対し，見て見ぬ振りをしてしまったこと，たとえば，クライエントが過去に浸ってしまっているのをそのままにしてしまったことはあるだろうか。これは実はとてもよくあるセラピスト側の振る舞いで，僕たちのほとんどが経験する。僕たちはクライエントを動揺させてしまうのを恐れ，お人好しなセラピストになってしまうのだ。そんなとき，僕たちは作り笑いをしながら，クライエントが自身の前進を自らで邪魔することさえ見過ごしてしまう（第 8 章で，セッション内の問題行動に対する思いやりと尊敬を持った対処方法について学ぶことにしよう）。こうした様子から浮かび上がるのは，クライエントを不快にさせるのではないかという恐れから，体験的エクササイズの実施を回避しているセラピストの姿だ。この場合，そんなセラピストには歯医者のメタファーが助けになるだろう。

セラピスト：あなたが虫歯になって，ある魅力的な歯医者に行くことを想像してください。その歯医者は素晴らしい音楽を演奏し，面白いジョークであなたを笑わせてくれます。そして，あなたのすべての健康的な歯について調べてくれるのですが，あなたの虫歯のことは無視します。それは痛みなんて感じないとても快適な体験です。あなたが虫歯になるたびにその歯医者へ通うことを想像してみてください。あなたの歯が徐々に悪化して顎に膿がたまっても，その歯医者は虫歯を治療しようとはしません。なぜだかわかりますか？　そ

れはその歯医者があなたに痛みや不快感を感じさせたくないからです。あなたはそのような歯医者に行って、ただ心地よく幸せでいたいと思いますか？

クライエント：（笑って）それはないですよ！

セラピスト：もしあなたが健康的な歯でいたかったら、痛みを伴うものであっても歯の治療に取り組まなければなりませんよね。それは、面接室での私たちセラピストの仕事も同じです。より良い人生を送るためには、私たちはいったんは不快な状態になって物事に取り組む必要があるんです。今から、あなたにとって少し不快だろうと思われるエクササイズを試してみてはどうかと考えています。このような提案をするのは、あなたがエクササイズを積極的に行うことで、これまでの人生を大きく変化させ何か有意義なことをあなたが学べると思うからです。

ぶっきらぼうさんになってしまう

ACT の実践家は、クライエントに対して思いやりを持ち徹底して敬意を払う。もしクライエントに「それは単なる感情です」や「それはただの気分です」「これは単なる物語です」のような言葉をかけていたら、素っ気なく思いやりのない印象を与えてしまう。ちょっとした茶化すような表現が含まれる脱フュージョンの技法を用いるときには、特にこのことに注意を払うべきだ。なぜなら、思いやりを持たずにそれらを使うとまったく非承認的だからだ。たとえば、僕は多くのクライエントに対して「マインドさん、その考えをありがとう」というエクササイズを実践するけれど、深刻なトラウマを抱えていたり、長年に亘る虐待を受けてきた被害者には決してこれを実践しない。それは、そのエクササイズがクライエントの気持ちを踏みにじることになってしまうからだ。

型通りさんになってしまう

セッション中，自分が何をしようとしているのか見失ってしまうことは
あるだろうか。そんなとき，僕たちは明確な戦略を持つことなくACTの
技法をただ手あたり次第に試して，どれかがうまくいってくれないかと願
っているような状態に陥っているのかもしれない（そのひとつに，ユーモ
アを込めて「メタファー乱用」と呼ばれるものがある。これは，セラピス
トがメタファーのたくさん入った箱をあけて，何か当たってくれと願いな
がら次から次へとクライエントに投げつけているような状態を指してい
る）。もしあなたに思い当たる節があるならば，第2章で紹介するケース
概念化や第4章で紹介する行動の機能の同定が大いに参考になるだろう。

説得しよう，もしくは正しくあろうとしてしまう

ACTに熱くなりすぎて，いわゆるACT通りの結果やプロセスを求め
てしまうということはよくある。もしクライエントを説得しようとしてい
る自分に気づいたら，自ら進んで，そのことに触れて謝罪するのがいいだ
ろう。

> **セラピスト：** すみません。私は今，自分が何をしていたかに気づきまし
> た。もしよかったら，一旦「待った」をかけさせてもらえません
> か。私はあなたが私と同じように考えてくれるよう強く説得しよう
> としていました。ですが，あなたは私に考え方を押し付けられるた
> めにここに来られているわけではありません。本当に申し訳なかっ
> たです。ここで，セッションを5分前まで「巻き戻し」て，私があ
> なたを説得し始める前に戻ってもいいですか？

もちろん，読者にはACTにどんどん夢中になってほしい。でも，どう

かクライエント自身に ACT を選ぶかどうかの自由は持ってもらうようにしてほしい。

クライエントより一段上の立場をとってしまう

　もしクライエントをひとりの人としてその全体性を認めることなく，単に診断的に捉えようとしたならば，それはクライエントよりセラピストが一段上の立場をとってしまっているという状態だ。そんなときは，「クライエントは壊れてしまったわけではなく，単に行き詰まっているだけだ」という ACT のスタンスを思い出してほしい。僕たちはマインドフルであることを忘れたとき，このスタンスも忘れてしまいがちなのだ。

　一段上の立場は，専門家であろうとすることや正しくあろうとすること，そして横柄さの現れでもある。それは，「大丈夫ですよ」「あなたならできますよ」「うまくいきますよ」「きっと対処できますよ」などのクライエントに保証を与えようとする言葉にさえ見て取れる。もしクライエントにこのような言葉をかけるなら，それはまるで親が子どもに言い聞かせるときのように，セラピストが「私は何がベストかを知っています」という立場から相手に言って聞かせる状態になっている。つまり自分たちを彼らより上の立場に置こうとしているのだ。もしクライエントに保証を示したければ，僕たちは思いやりの気持ちをもって彼らの横に座り，ただ尊敬の念をもって心をオープンにしてそこに居続ける，そんな非言語的な関わりができるはずだ。

1つのプロセスばかりに焦点をあて，他のプロセスをおろそかにしてしまう

　ACT についてのどのようなトレーニングを受けてきたかは，僕たちのACT の実践に影響を与える。もし，感情のアクセプタンスに重点を置い

たトレーニングを受けてきたならば，セラピーの中でもそれに関連したプロセスを強調しすぎてしまい，逆に価値やゴールの設定，コミットメントのプロセスをおろそかにしてしまう可能性がある。逆に，脱フュージョンに重点を置いたトレーニングを受けてきたならば，脱フュージョンを強調しすぎて，感情のアクセプタンスを無視してしまうことも起こりうる。そこで，僕たちは自分が焦点をあてがちなプロセスの偏りに気づき，プロセス全体をよく理解して十分に使いこなせるよう積極的に経験を積んでいく必要がある。

理論的な基盤の理解が不足している

ACT は行動分析学に基づいたセラピーだ。行動分析学の基本的な原則を理解することによって ACT をより効果的に使うことができるようになる。逆に，行動分析学の理解がないままに ACT を進めようとするとすぐに混乱が起こるだろう。ぜひ第3章と第4章で紹介する行動分析学の重要な原則についても飛ばさずに読んでもらいたい。残りの章の理解に役立つ価値のある土台となるはずだ。

先駆者をまねようとしてしまう

僕が ACT を始めたとき，僕は ACT の創始者であるスティーブン・ヘイズをお手本にしようとした。僕は彼の話す通りに話し，彼のように介入を行い，彼のお気に入りのエクササイズを同じように使った。そうして僕はたくさんのことを学んだけれど，そのやり方は僕らしいクライエントとの関わり方とは十分一致しているわけではなかった。次に僕が手本にしたのは，もう一人の先駆者，ケリー・ウィルソンだ。しかし，そこでも同じことが起こった。僕はたくさんのことを学んだけれど，ケリーのやる通りに ACT をやろうとすると，僕自身にとってはしっくりこなかったのだ。

そんなある日，オスカー・ワイルドの「あなたらしくあろう，他の誰かはもうその人のものなのだから」という言葉を耳にした。それ以来，僕は自分らしい ACT の進め方を探求し，自分らしい言葉で話し，自分のエクササイズや介入を作り出せるようになったのだ。

　読者がこの本を読み進めるにあたっても，この本で使われている言い回しは読者自身や目の前のクライエントに合ったものにぜひ修正してほしい。そして，もし読者がこの本にあるものとは異なった伝え方を見出したのなら，たとえば読者自身にとってもっと合っているメタファーやエクササイズ，質問の仕方，ワークシート，道具や技法を思いつくことができたら，それを使ってみるのがよいだろう。ACT を自分のものにして，自分だけのやり方をぜひ見つけてみてほしい。

セラピスト側の認知的フュージョンと回避

　クライエントが僕たちの思った通りに反応してくれないときもある。そんなとき，僕たちは，自分自身について，クライエントについて，そして ACT モデルについてさえも，批判的でまったく役立たない思考とフュージョンしてしまい，ときにはそれらすべてとフュージョンしてしまうのだ！　そのいくつかはこれまで述べてきた通りだ。僕たちはまた，浮かんでくる痛々しい感情にもがき苦しむことにもなりがちだ。

　この章で扱ってきた数々の問題は，まさにセラピスト側の認知的フュージョンと回避から生じてきたものだといえる。たとえば，お人好しさんは「クライエントを不快な気持ちにしてはいけない」という思考とのフュージョンであり，セラピー内でクライエントの問題行動と直面したときの不安に対するセラピスト側の回避行動だ。他の ACT の専門書でも指摘している通り，まずは ACT モデルをセラピストである自分自身に適用してみることが重要だ。自分の役に立たない思考から脱フュージョンし，自分の心地悪さのための心理的なスペースを空け，価値に沿った行動をとり，目

の前のクライエントのために十分に取り組めば，読者はクライエントとの強固なセラピー同盟を築くことができるだろう。

実践への糧となることを願って

この章を通して，読者にとってなにか実践への糧となるような話を伝えられていたなら幸いだ。ここで，ウィンストン・チャーチル卿の別の言葉を引用してこの章を締めくくりたい。「成功はあがりでもなければ，失敗は終わりでもない。大切なのは続ける勇気だ」

この格言はまさにACTのスタンスを表している。結局のところ，クライエントはごく自然にACTを受け入れて実践する。僕たちはほんの少しの価値と，ほんの少しのゴールの設定と，ほんの少しの脱フュージョンの手助けをして……そうしたらなんと！　それらのプロセスは突然動き出し，走りだし，育っていく。僕たちは互いににっこりと笑ってこう思うのだ。「ほら！　ACTってとても役に立つでしょ！」と。

だからと言って「成功はあがりではない」。きっと一部のクライエントはACTを好きにならなかったり反応しなかったりするだろう。そうなってくると，セラピーがまるでコンクリートを削り続けるような過酷な仕事に思えてくるだろう。でも，幸運なことに「失敗は終わりではない」。もしクライエントが反応してくれなければ，僕たちは違う立場のセラピストに紹介することもできる。もちろん，僕は世界中のすべての人にACTの効果があってほしいと思っている。でも，それは非現実的な考えだ。だからこそ，強く握った，完璧主義的な要求，そして，行き過ぎた期待と思い込みは手放そう。「大切なのは続ける勇気」なのだから。

「courage（勇気）」という言葉は，ラテン語の「cor」，つまり「心臓」から来ている。言い換えれば，勇気はあなたの心にあるということだ。もし僕たちが「続ける勇気」を育めたとしよう。つまり，失敗や間違いから学び，悪かったことや良かったことに対して価値判断せずに向き合い，間

違いを犯してしまった自分自身への思いやりを持って，そして自身の知識とスキルの発展に対して継続的に探索し続けることができたなら，セラピーでの失敗は減り，成功が増えるだろう。

もしあなたの心の奥底にACTが語りかけてきて，それがあなたの心の琴線に触れたのならば，そしてあなたがそれを受け入れ人生への向き合い方を変えようと思うのならば，さらにACTモデルに対する信頼がセラピーの最中に絶えず抱けるようになったならば，そのときあなたは，より優れたACTセラピストへの道を歩み始めている。

さあ，実験だ！

- 数週間をかけて，この章に紹介したセラピストにとっての落とし穴に注意を払おう。もしそれにはまっていることに気づくことができたならば，その状況を修正できるかどうかを試してみよう（もし修正するための手段が思いつかなくても問題ない。それはこの本を読み進めることで，きっと手に入れることができる）。
- もし読者のマインドが「私は十分に優れたセラピストではない」とあなたをいじめてきた場合，読者ならもうどうすればいいのかわかるだろう。「下手くそなセラピスト」物語を使ってマインドにお礼を言ってみよう。そして，あなたを解き放ち，今この瞬間に戻ってこよう。

第2章

あなたはどこに向かっているのか？

　読者にはこれまで，自分自身を見失ったり，混乱したり，クライエント
と何を達成しようとしているのかわからなくなってしまった経験があるだ
ろうか？　もしそういった経験があるのならここから共に学んでいこう。
僕たちは誰もが，特にACTの初学者なら誰もが同じことを経験する。でも，幸運なことに，僕たちが「ケース概念化」*を理解することで，ACT
の全体像はもっとはっきりと見えてくる。

ケース概念化の基本

　ACTモデルは驚くほど柔軟だ。どのクライエントやセッションにおいて
も，ヘキサフレックスのどこからでも自由に始めることができる。つま
り，あるポイントで行き詰まったなら，別のポイントに移ればいいのだ。
そうはいっても，この柔軟性に富んだモデルは，ACTを始めたばかりの
セラピストにとってはかえって不安の種でもある。こういったモデルを学
ぶとき，僕たちの多くは次のような疑問を抱くだろう。「いったい，どこ
から始めたらいいんだ？」。そこで，少し基本について考えてみたい。ま
ず，どのセッションのどのポイントにおいても，僕たちは次の2点のどち
らかを実行することになる。

＊訳注：「ケース・フォーミュレーション」と呼ばれる場合もある。

- その瞬間におけるクライエントの心理的柔軟性を高める
- 次のことを目指す：面接室の中で同盟関係を育む，面接室の内と外とで実践ができるようクライエントをサポートすること

　僕たちはたいていの場合，この2つ目の作業から取りかかる。具体的には，思いやりを持ちながらマインドフルにクライエントとの同盟関係を築き，尊敬の念を抱きながらクライエントのヒストリーを聴き取る。このプロセスを経てケース概念化は完成する。そして，1つ目の作業である，クライエントの心理的柔軟性を高めるプロセスに移ることになる。

　また，どのセッションにおいても，僕たちは次の2つの重要な疑問の間をダンスすることになる。

- クライエントは，どのような価値づけられた方向へ進むことを望んでいるのか？
- それを妨げているものは何なのか？

　もし僕たちが最初の疑問に答えられないなら，僕たちは価値の明確化やゴール設定，もしくはその両方を行う必要がある。もし最初の質問に**答えられる**なら，次の疑問に移ればよい。具体的には，価値ある人生を妨害する認知的フュージョン，回避，取り組めなさ，有効でない行動，について整理していく。

　最初の疑問（クライエントは，どのような価値づけられた方向へ進むことを望んでいるのか？）に取り組むときには，次のことを考慮する必要がある。

- 価値の明確化
- ゴール設定

第2章　あなたはどこに向かっているのか？　25

- コミットされた行為
- スキル・トレーニング
- 建設的な問題解決

2つ目の疑問（それを妨げているものは何なのか？）に取り組むときは，次のことを考慮する必要がある。

- 感情や思考といった内的な障壁（バリア）について
  - ・認知的フュージョン→脱フュージョン
  - ・回避→アクセプタンス
  - ・取り組めなさ→「今，この瞬間」への接触
- 外的な障壁について
  - ・価値の明確化
  - ・ゴール設定
  - ・コミットされた行為
  - ・スキル・トレーニング
  - ・建設的な問題解決

　ACTに馴染みのある読者のなかには，ここに「スキル・トレーニング」があげられていることにちょっとした驚きを感じる人もいるかもしれない。でも，スキル・トレーニングとは，ACTでは元々コミットされた行為の土台として含まれてきたものなのだ。クライエントの多くは，ゴールの設定や計画，スケジュールの管理，自分で心を落ち着けること，アサーティブになること，コミュニケーション，交渉，葛藤の解決というような，人生で重要となるスキルに弱点を抱えている。クライエントが豊かで意義のある人生を歩むために，効果的で，かつ培うことのできるスキルが存在するならば，セラピストはそれらのスキルの獲得を手助けすべきだ。セラピストにできることは，そういったスキルをセッションの中でトレー

ニングしたり，それがトレーニングできる場（たとえば，本やウェブサイト，理想的にはどこかの訓練施設）をクライエントに紹介したりすることだ。そして，クライエントがスキル・トレーニングへの心理的な抵抗（たとえば，「それは難しい」「怖い」「そんなことをするだけの時間〔お金，自制心，意志の強さなど〕はない」などを言うこと）を示す場合，そのときこそ，脱フュージョンやアクセプタンス，ウィリングネス，価値のプロセスに取り組むべきときなのだ。

　さらに，ここであげた項目に「建設的な問題解決」が入っていることについても，ACT に馴染みのある読者は驚きを感じるかもしれない。そもそも，マインドフルネスを用いた介入の多くは，問題解決に代わる枠組みとして開発されてきたからだ。たとえば，抑うつ的反すうや心配は本質的に問題解決の仕方に問題がある。そんなときのマインドは，過去の苦痛を伴う問題や未来に起こるかもしれない潜在的な脅威をなんとかして解決しようと，ぐるぐると頭の中を駆けずり回っている。

　でも，たとえば金銭的，法的，社会的，医学的な事柄がクライエントの問題に関係している場合，建設的な問題解決がかなりの助けになる状況は多い。もしクライエントの効果的な問題解決スキルが不十分ならば，クライエントは日常生活で必要とされるような活動や仕事をこなすのに苦労しているはずだ。実際，スキルの欠如は，境界性パーソナリティ障害やうつ病の社会適応にも大きな課題となっている。

ケース概念化のための簡易ワークシート

　さあ，それでは**読者のための**スキル・トレーニングを始めよう。次に示すケース概念化のための簡易ワークシートを見てほしい。僕は読者には是非このワークシートを30枚ほどコピーしてもらって，読者がこれから担当するであろうクライエント30名に対してそれを使ってみてほしいと思っている。それを使い切る頃には，間違いなく読者はACTを使いこな

し，容易に効果的なセッションを展開できるようになっているはずだ（むしろ，そうならなかったら，僕はとても驚くことだろう）。

ワークシートをコピーしてもよいし，僕のウェブサイト（www.actmindfully.com.au）からダウンロードしてもらってもよい（『よくわかるACT』に掲載したものの改訂版；英語）。

このワークシートは次の2つの鍵となる問いを中心として作成されている。

1. クライエントの活力あふれる人生の前に立ちはだかるものは何か？
2. クライエントは，どのような価値づけられた方向へ進むことを望んでいるのか？

28 第1部 私たち自身を行き詰まりから解き放つ

ケース概念化のための簡易ワークシート

クライエントが語る主訴およびその他の問題：

クライエントがセラピー（もしくはカウンセリング）に求めていること：

豊かで意義のある人生を妨害する外的な障壁（たとえば，法的，社会的，医学的，金銭的，職業的な問題）：

1. クライエントの活力あふれる人生の前に立ちはだかるものは何か？

　　A．有効でない行動：クライエントがとっている有効でない行動は何か？（*クライエントを悪い方向へ向かわせ，行き詰まらせている行動は何か*）

　　B．認知的フュージョン：クライエントがフュージョンしているものは何か？（*理由，規則，判断，過去，未来，自己描写といった問題のある認知的フュージョンを特定する。これには，心配や反す*

うのような特定の思考パターンやスキーマ，プロセスなどが含まれる）

C．体験の回避：クライエントは内的にどのようなことを回避しているのか？（クライエントが体験することを嫌がる，または取り除こうとしたり避けようとしたりしている思考や感情，記憶，衝動，感覚，気分）

2．クライエントは，どのような価値づけられた方向へ進むことを望んでいるのか？（人生のどのような領域がクライエントにとって重要なのか？　その領域において，どのような価値がクライエントにとって重要か？　どのような価値に沿ったゴールや活動をすでに行っているのか，もしくは追求したいと考えているのか？　もし困難に直面したとき，何のためにその困難に立ち向かおうとするのか？）

ブレインストーミング
(次回のセッションで使おうと考えている質問やエクササイズ，ワークシート，メタファー，道具，技法，戦略には何があるか？　クライエントがすでに有していて活用ができる強みや内的な資源は何か？　外的な障壁を解消するためにはスキル・トレーニングや問題解決法が必要か？）

ワークシート冒頭の項目

　ワークシートの冒頭は，**クライエントが語る**主な悩みや問題を書くことから始まる。クライエントの問題を，僕たちセラピスト側が考えるクライエントの問題と区別して概念化し，理解しておくことはとても重要だ。

　次に，ワークシートでは「クライエントがセラピー（もしくはカウンセリング）に求めること」を尋ねている。たとえば，クライエントは不安や抑うつを止めたい，幸せや満足感を得られるようになりたいといった気分に関するゴールを持っているかもしれない。もしくは，タバコをやめたい，運動を始めたい，人間関係を改善したいといった行動に関するゴールを持っているかもしれない。または，「なぜ私はこんなふうなのか」「なぜこれをし続けてしまうのか」といった問いに対する答えを探したいという内的なゴールかもしれない。はたまた，お金を稼ぎたい，家を買いたい，パートナーを見つけたい，仕事に就きたいといった物理的なゴールかもしれない。これらはいずれもが重要な情報となる。もしセッション内でこの項目を埋めることができなかったなら，次のセッションで改めてクライエントに尋ねる必要がある。

　次に，ワークシートでは，クライエントの豊かで意義のある人生を妨害する**外的な**障壁について尋ねている。これはいわば，日常生活で最初に，そして最も表面に現れている障壁のことだ（認知的フュージョンや回避といった内的な障壁とは対照的であることに注意してほしい）。これには，法的，金銭的，社会的，医学的，職業的な問題，もっと極端な場合だと，衣食住のような生活に最低限必要なことに関する問題まである。いくつかのケースでは，まずこうした外的な障壁をなんとかしなくてはならないだろう。こうしたケースのすべてで建設的な問題解決と価値に基づく行動計画の立案が必要だ。また，こうしたケースの多くで，スキル・トレーニングが必要になるだろう。

1. クライエントの活力あふれる人生の前に立ちはだかる ものは何か？

ワークシートの次の欄では，豊かで意義のある人生を妨害する心理的な障壁を探す。この欄はさらに3つに分かれていて，有効でない行動と認知的フュージョン，そして体験の回避から構成されている。

A．有効でない行動

有効でない行動の欄では，僕たちは，長期的に見てクライエントの人生を悪い方向へ向かわせているクライエントのすべての行動を記録する。これには，先延ばし行動や回避行動が含まれる。つまり，過剰なあるいは不適切なギャンブル，ドラッグの使用，アルコールの問題といった自己破壊的な行動，引きこもりや社会的な孤立，マインドレスであったり衝動的だったり過敏だったりする行動などだ。ここでは**公的な**回避行動*について記録するという点に注意してもらいたい。つまり，重要な人，場所，活動や状況の中でクライエントが目に見える行動レベルで回避しているものを記録してほしい。

B．認知的フュージョン

認知的フュージョンの欄では，クライエントが語ることで僕たちを混乱させたり，怒らせたり，行き詰まりや不安に陥れるものについて，記録する（とりわけ，もし僕たちセラピスト側がクライエントの述べたことにフュージョンするのなら，クライエントも同じようにフュージョンすることは間違いない！）。また，クライエントの思考のプロセスを6つの認知的フュージョンのカテゴリーに沿って記述する。つまり，理由とのフュージョン，規則とのフュージョン，価値判断とのフュージョン，過去とのフュ

＊訳注：公的な行動とは，他者から直接観察される可能性のある行動のこと（本書p.56）。

ージョン，未来とのフュージョン，自分自身についての記述とのフュージョンだ。さらに，クライエントが持つ「私は敗者だ」といった特定の思考や，心配・反すうといった思考方略についても記述する。

C．体験の回避

体験の回避とは，僕たちの**内側にある**特定の思考や感情を避けることを意味する。もしクライエントがある感情を体験したくないと思っていたり，ある考え方をしないようにしていたり，ある記憶を取り除こうとしていることを報告したら，それをこの欄に記入してほしい。一方，たとえば人や場所，状況など外的なものを避けている場合，それは**公的な**回避として1Aの有効でない行動の欄に記入してほしい。

体験の回避についての欄では，クライエントがどのような私的事象を回避や逃避したり，取り除こうとしたりしているのかを特定する。私的事象とは，気分，思考，感情，衝動，記憶，感覚，渇望などのことだ。ここで注意しておきたい点は，ドラッグやアルコールの使用といった，体験を回避するためにクライエントが行っている具体的な行動については，1Aの有効でない行動の欄に記入するということだ。

さらに，心に留めておいてほしいことがある。それは，人はフュージョンしているまさにその思考や記憶自体を回避しようとするものだということ，また人はたいてい回避しようとしている私的事象とフュージョンするものだということだ。そのため，「これは回避行動か？　認知的フュージョンか？」と迷ったら，おそらくその両方なので，1Bと1Cの欄の両方に記入するようにしてほしい。

クライエントが避けている私的事象が何であるかについて，まずは推測してみよう。自らが望む人生の障壁になっているとクライエントが見なしている，気分，感情，感覚，渇望，記憶，思考を記録することから始めるのがよいだろう。たとえば，もしクライエントが「私はA，B，Cをしたいと思っています。でも，すごく不安になってしまうのでできないんで

す」と述べた場合，明らかにクライエントは不安を取り除くか，もしくは避けたいと考えている。クライエントが「禁断症状がひどいので，飲まずにいられません」と言うときには，明らかにクライエントは禁断症状を取り除くか，もしくは避けたいと考えている。もしクライエントが他者と親密な関係を築きたいと願っていながら，拒絶されるのが怖くてできない場合，僕たちはそれを「拒絶への恐怖」として記述することになるだろう。追い求めようとしている行動やゴールについてクライエントが話すとき，「一体何がそれを妨げているんでしょうか？」と尋ねることはとても役に立つ。そこから得られる回答は，往々にしてクライエントの体験の回避を明らかにしてくれる。

また，クライエントの述べる「もっと自信を持ちたい」や「もっと幸せになりたい」といった「感情のゴール」には気をつけておく必要がある。そうした感情のゴールは，「私が大切なことを実行できるようになるためには，まずはもっと自信を持てるようにならなくてはいけない」というルールにフュージョンしているサインであることが多い。これについては1B欄に記入することができる。また，感情のゴールは，クライエントが回避したい思考や感情を含んでいることがよくある。たとえば，もっと自信を持ちたいと訴えるクライエントは，たいてい不安や自信のなさ，失敗への恐れを回避しようとしているものだ。そのように，回避している思考や感情については1C欄に記入することができる。

2. クライエントは，どのような価値づけられた方向へ進むことを望んでいるか？

2つ目の項目では，クライエントにとって重要な人生の領域について把握しよう。たとえば，子育てや仕事，友情，結婚，環境，余暇，健康が挙げられる。もしそれが明確になっていない場合，僕たちはクライエントが焦点をあてている人生の領域が何であるかについて検討すればよい。クラ

イエントは何に怒り，不安に思い，悩み，罪悪感を感じ，あれこれ考えているのだろうか。

次に，その領域においてクライエントがどんなことを重要だと感じているか，価値を置いているかについて検討する。もしクライエントの抱く価値について僕たちが書き出せないのなら，それ自体も重要な情報だ。なぜなら，それによって，価値の明確化について僕たちがクライエントと話し合う必要があることがわかるからだ。クライエントの価値を予測し，次のセッションではその予測を確かめてみることもできるだろう。他にも，その領域でクライエントがすでに掲げている有意義なゴールや，すでに実行している有意義な活動があるかどうかを考えてみることもできる。もしあれば，どのような価値とその活動が結びついているのか想像してみよう。

覚えておいてもらいたいのは，強烈な感情は重要な価値と繋がっていることがよくあるということだ。そのため，クライエントに「この感情は，あなたが心の奥底で何を本当に大切にしているかを教えてくれているのではないでしょうか。そうだとすれば，それはどんなものでしょう？」と尋ねてみるのもひとつの手だ。

ブレインストーミング

可能な範囲で項目を埋め終えたら，今度はブレインストーミングを始めよう。どの項目に対してどのようなツール，技法，方略，質問，メタファー，ワークシート，体験的エクササイズが使えるだろう？　どのような介入をすれば，認知的フュージョンから脱フュージョンへ，体験の回避からアクセプタンスへ，有効でない行動から有効な行動へ変化を起こせるだろう？　クライエントが価値ある人生を送るためにすでに活用できる内的な資源はどのくらいあるだろう？　そして，建設的な問題解決やスキル・トレーニングが必要かどうかを検討しよう。

どこから始めるべきか

さまざまなACTのマニュアルをひもとけば，それぞれのセラピーがヘキサフレックスのさまざまなポイントから開始されていることに気づくだろう。なかには創造的絶望から始めているものもいくつか見つかるだろう。滑らかに，柔軟にACTを使えるようになれば，セッションごとに「ヘキサフレックスをダンスしながら」コアプロセスのすべてを網羅できるようになる。それでも，どこからスタートしたらよいか自信が持てないという読者のために，大まかなガイドラインを示しておこう。

- もしクライエントの動機づけが低いようならば，価値の明確化を用いて動機づけを上げるところからはじめよう（動機づけがないまま，クライエントがセラピーでハードな課題に取り組むことはありえない）。同様に，価値やゴール設定から開始することは，特に，人間関係や仕事関係で悩みを抱えているクライエントにとって有益だ。
- 極度の体験の回避を示すクライエント，たとえば境界性パーソナリティ障害やPTSDに対してのACTのプログラムでは，丁寧な思いやりを持った創造的絶望から始め，それから脱フュージョンやアクセプタンスに移るといった構成がなされている。
- パニックや解離状態などまさに危機状況にいるクライエントに対しては，シンプルなセンタリング・エクササイズ（もしくはグラウンディング・エクササイズ）から開始されることが多い。
- 深い悲嘆や喪失を抱いているクライエントに対しては，多くの場合，セルフ・コンパッションから開始するのがいいだろう。
- すでに価値に基づいて行動しているものの，思考に妨害されてしまったり，実行できないでいるクライエントに対してなら，「今，この瞬間」との接触から開始するのがいいかもしれない。これにより，充実

した人生へと取り組む方法を学んでもらうことができるだろう。

　個人的には，僕はすべてのクライエントに対して，価値の明確化とゴール設定から試みている。もしクライエントが価値をまったく明確化できなかったり，価値への接触を妨害しているものにまったく気づけていない場合には，脱フュージョンとアクセプタンスを代わりに導入することもある。

　実際のところ，ヘキサフレックスのどこから開始すべきかということはたいした問題ではない。なぜなら，ヘキサフレックスは相互に関連し合っていて，それらすべてが心理的柔軟性の重要な役割を担っているからだ。そして，基本的なルールは，1つの領域に行き詰まったなら別の領域に移るということだ。行き詰まった領域には，後でまた戻ればいい。それが「ヘキサフレックス・ダンス」なのだ。

　もうひとつ覚えておいてもらいたいことは，面接で何かドラマチックなことを成し遂げようとする必要はないということだ。短期的で小さな変化の積み重ねが，長期的には大きな効果を生む，つまりドミノ効果を生むことになるからだ。

さあ，実験だ！

　もし最初からケース概念化ワークシートを使用するのが困難だと感じても，安心してほしい。人生のすべての出来事がそうであるように，誰でも練習を重ねることでそれは徐々に容易になっていく。読者にとっての今週の挑戦は，ワークシートをプリントアウトして，少なくとも1枚を使って，少なくとも1名のクライエントにこれを使用することだ。

　もし読者が望むなら，あなたが行ったケース概念化をクライエントと共有し，それについてのフィードバックをクライエントからもらうといい。それ自体が効果的な介入になり，セッションでのアジェンダを設定するのに使えるだろう。

　読者が，もし本気でケース概念化のスキルを習得したいと思うなら，ワークシートを30枚コピーして，30人のクライエントに対して使用するか，1日ずつ30日間使用するといいだろう。

第**3**章

柔軟性と強化

　多くの場合，駆け出しの ACT セラピストは，型にはまった ACT を行いがちになる。僕はこの型にはまったやり方を「ぶつ切り ACT」と呼んでいる。というのも僕たちは，脱フュージョンの面接，価値の面接，アクセプタンスの面接というように，各プロセスをセッションごとにぶつ切りに使ってしまいがちだからだ。また，ごく限られた種類の標準的なメタファーやエクササイズを使いながら，マニュアルにでも従うかのように，あるプロセスの塊から次のプロセスの塊へと決まった手順で面接を行いがちになる。ただ，これは ACT セラピストとしての最初のステップであり，ごく自然なことでもある。

　それでも僕たちは，少しずつより滑らかで柔軟な実践方法を身につけていくことになる。変わり続ける状況の中で，変わり続けるクライエントのニーズに対し，ベストな対応ができるよう，僕たちは各プロセスの間を自由に，そして速やかに移動するようになる。言うなれば，ヘキサフレックスの上でダンスできるようになるのだ。

ヘキサフレックス・ダンス

　ヘキサフレックスを以下に示そう。

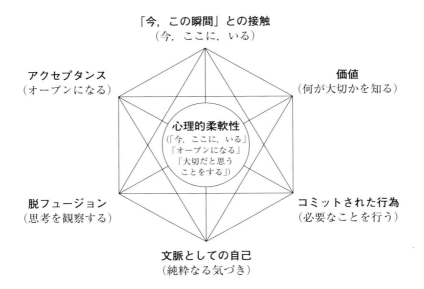

　ヘキサフレックス上での僕たちのダンスが滑らかになればなるほど、セッションでの行き詰まりを経験する可能性は低くなる。どれか1つのプロセスで行き詰まったとしても、簡単に他のプロセスへと移動できるようになるからだ。また、移動した先のプロセスからさらに、行き詰まっていた元のプロセスにだって戻ることができる。

　たとえば、あるセッションで価値を導入したとしよう。そのとき、クライエントが「こんなの時間の無駄です。私の人生は最悪なんです。人生を変えようとすることなんて無意味だ」と訴えてくる場面を思い浮かべてみよう。そんなとき、僕たちには価値のプロセスから脱フュージョンのプロセスへとダンスして渡ることができる：「あなたのマインドは、私たちが価値を探索することに対してあまり乗り気ではないようですね。他にはどんな反論をマインドは語っていますか？」

　あるいは、価値のエクササイズの途中で、クライエントが罪悪感で打ちひしがれてしまった場面を思い浮かべてみよう。そのとき、僕たちはアクセプタンスへとダンスして渡ることができる：「ところで、あなたは、た

った今，身体のどこでそれを感じていますか？　そこに息を吹き込むことができるでしょうか？　その感情の上に手を置き，それから，その感情を優しく抱えておくことができるでしょうか？」

　また，不安のアクセプタンスに取り組んでいるとき，クライエントにとってそれがなかなか難しいという場面を思い浮かべてみよう。そのとき，僕たちは価値のプロセスへとダンスして渡ることができる：「このエクササイズが何のためのものなのか，少し時間をとって思い出してみましょう。あなたの心の奥深くへと注意を向けてください。あなたがお子さんたちのそばにいて，あなたの本当に望むやり方でお子さんたちを愛し，世話をしているところを想像してください。もしあなたがこうありたいと願う母親になるために，あなたの中に不安のためのスペースを作る必要があるとするならば，あなたは不安との戦いを進んで手放すことができるでしょうか？」

　最初は，こんなふうにダンスするのは難しく思えるかもしれない。でも，ヘキサフレックスをトリフレックスとして捉え直せば，僕たちはこのダンスをもっと簡単に踊ることができる。

トリフレックスの上でダンスする

　これ（次ページ）は，ACTの6つのコアプロセスを3つに圧縮したトリフレックスの図だ。
- 上の角は「今，ここに，いる」で，「今，この瞬間」との接触と文脈としての自己で構成されている。
- 左の角は「オープンになる」で，アクセプタンスと脱フュージョンで構成されている。
- 右の角は「大切だと思うことをする」で，価値とコミットされた行為で構成されている。

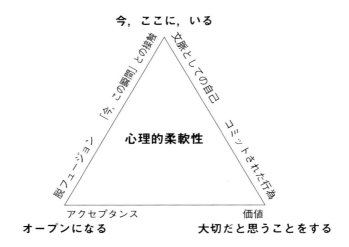

　このように，トリフレックスの観点から見ると，心理的柔軟性は，「今，ここに，いる」「オープンになる」「大切だと思うことをする」の3つのプロセスで構成されている。それぞれ，好奇心とオープンさを持ち，なんであれ「今，この瞬間」に最も大事なことに注意を向けること，僕たちのすべての思考や感情のためのスペースを作りながら僕たちの経験に対して十分に自分自身を開いていくこと，そして，僕たちの価値に従って行動することを示している。

　もし右の角（「大切だと思うことをする」）に取り組んでいるときに，クライエントが何かにフュージョンしていたり，回避的になっている場合には，左の角（「オープンになる」）へとダンスして渡って，クライエントが困難な考えから脱フュージョンすることや苦痛な感情を受け入れることを助けることができる。

　同じく，もし左の角（「オープンになる」）に取り組んでいるときに，クライエントが特定の考えにかたくなにしがみついていたり，感情と戦っていたりする場合には，右の角（「大切だと思うことをする」）へとダンスして渡ることができる。たとえば，僕たちは，クライエントに「もしあなたがその考えにこのまましがみついているとしたら，そのことは，あなたが

こうありたいと願う人であることや，あなたがしたいことをするのを助けてくれるでしょうか？」と尋ねることができる。同じように，困難な感情に対して進んでスペースを作れるくらい，クライエントが大切にしていることについて考えてもらうこともできる。

　最後に，もし僕たちが左の角か，右の角のどちらか（あるいは両方）で行き詰まった場合は，単純に中心に戻って，そして，「今，この瞬間」に焦点をあててみよう。僕たちが今この瞬間と十分に接触しているときにはフュージョンや回避は大きくなりにくい。「今，ここに，いる」プロセスは困ったときの強力な頼みの綱なのだ。

　クライエントを今この瞬間に留めるためには，まずクライエントの経験していることのなかでも外的で身体的な側面に意識を向けてもらうことが必要だ。たとえば，そのクライエントがいる場所，していること，見たり，聞いたり，触れたり，味わったり，嗅いだりすることができるものごと，それらの要素のいくつかを組み合わせたものへと注意を向けてもらう。次に，これらの要素のすべてに意識を向けながら，自身の思考や感情にも気づけるよう促す。どんな思考や感情がそこにあるのかにただ気づくことで，脱フュージョンとアクセプタンスへと自然に滑らかに移ることができる。

　たとえば，フュージョン，回避そして有効でない行動の極限にいるクライエントがいたと考えてみよう。そのクライエントは，生活のすべての重要な領域で深刻な問題を抱えてしまっている可能性が高い（そして，おそらく境界性パーソナリティ障害といった手ごわい診断のラベルが付けられている）。今，僕たちがこのクライエントに初めて会ったとして，彼女がすでに深刻な危機またはショックを抱えた状態でカウンセリング・ルームに入室する，もしくはセッションの最初の数分の時点で極度に苦しんだり，興奮したりする様子を想像してみてほしい。僕たちにはいったい何ができるだろう？

碇（いかり）を下ろす

当然考えられる選択肢は，トリフレックスの上の角に直行して，クライエントが自身を今この瞬間に留まれるよう手助けすることだ。このとき非常に役立つ「碇を下ろす（dropping anchor）」という技法を紹介しよう。

セラピスト：すみませんが，少しだけあなたの話をさえぎらせてもらってもいいでしょうか？　話の続きを伺いたいのですが，その前にしておくべきことがあります。おそらく，おわかりのように，今，あなたは感情の嵐にすっかり飲み込まれているようです。あなたの身体と心の中で，あなたをかき乱すような，ありとあらゆるつらい考えや感情があります。あなたがその嵐に巻き込まれている間は，あなたにできる効果的なことは何もないでしょう。ですから，少し時間をとって，碇を下ろすというのはどうでしょう？　碇が，嵐を消し去ることはありませんが，嵐が過ぎ去るまでの間，あなたをただここに留めておくのです。少しの時間これを行った後で，話の続きをお聞かせいただくというのはいかがでしょうか？（*クライエントが同意したら，セラピストはセンタリング・エクササイズへと進める*）

さて，あなたの身体の中の不安とあなたの頭の中の恐ろしい考えに気づいた状態のまま，あなたの足を床に押し付けてください。思い切り強くです。それから，真っすぐに座り直して，そして，椅子の上にある身体の感覚を感じ取ってください。そして，部屋を見回して，あなたが見たり，聞いたりするものに気づいてください。それらにうまく気づけているでしょうか？　意識を向けましょう。椅子の上のあなたの身体に，床の上のあなたの足に，あなたを取り囲む部屋に，あなたの身体の中の不安に，あなたの頭の中の考えに……あなたは私と共にここに留まっているでしょうか？　この部屋

で一緒に取り組みながら，ちょうど今この瞬間で，大切なことを行いながら，あなたと私の存在を感じてみましょう。

　上記の台詞の中で，セラピストは ACT についてただ話をしているわけではないことに気づいてほしい。セラピストは ACT を実際に行っているのだ。セラピストはそれが最初のセッションであるにもかかわらず，能動的な介入へと真っすぐに進んでいる。

　もしクライエントがフラッシュバックを起こしたり，解離し始めたらどうなるだろうか？　その場合には，感情の嵐についてのメタファーと一緒にセンタリング・エクササイズといった介入に移行すればいい。短時間のセンタリング・エクササイズであれば，セッションの至る所で，5回，10回，20回と（クライエントが心理的にその場にいる状態を維持できるのに必要なだけ）実施することができる。さらに，クライエントには，セッションとセッションの間でその技法を練習するよう依頼しておくのだ。

　こうしたセンタリング・エクササイズの間，セラピストがどのようにして矛盾したメッセージを送ることを避けていたのかについても注意してほしい。セラピストは，クライエントに床の上の足や，椅子の上にある身体や，クライエントが見たり，聞いたりするものごとに気づくことを求めただけでなく，クライエントが気に掛けている思考や感情に気づくことも求めている。この後半の指示がないと，クライエントはおそらく，センタリング・エクササイズの目的がつらい思考や感情から目をそらすことだと思い込んでしまうことだろう。

　センタリング・エクササイズは，痛みに圧倒されていたり，極度にフュージョンしていたり，危機的な状態だったり，パニック発作を起こしていたり，フラッシュバックを起こしていたり，解離していたりするクライエントに対して最初に用いることができる非常に優れた方法だ。一旦クライエントが今この瞬間に戻ってこられれば，次はオープンになるプロセスか，大切だと思うことをするプロセスかのいずれかへと徐々にテーマを戻

すことができる。

　碇を下ろすテクニックは，大きな苦痛の中にいたり，緊急の問題に取り組んでいるすべてのクライエントにとって大事な出発点でもある。たいていのセラピストは，そういう状況になると，たとえクライエントが極度のフュージョンや回避の状態にいるとわかっていても問題解決へと直行してしまいがちだ。でも，そんな状態では，クライエントは明瞭にものを考えられずに，せっかくの問題解決技法も無駄になってしまう可能性が高い。また，クライエントにとって大変役に立つマインドフルネスのスキルを伝える機会を逃すことにもなる。まず，クライエントがセンタリングできるように促し，次に建設的な問題解決に進むのが最適だ。

　もちろん，クライエントによっては，問題や課題が即座に解決できないからこそ苦しんでいる場合もある。そんなときでも，クライエントには明らかにアクセプタンスが必要であり，碇を下ろすテクニックは強力な第一歩となるだろう。

セラピスト：あなたがこの課題をできるだけ早く解決したいと思っておられるのはよくわかりますし，あなたができそうなことについて話し合いの機会を持ちたいとも思っています。ただ，まずは，現実的に考えてみましょう。24時間以内でのこの問題の解決は，とても期待できませんよね。だからこそ，私たちは，次の24時間であなたがこうありたいという状態について，考える必要があるでしょう。あなたは，なす術もなく感情の嵐に巻き込まれ時間を浪費することもできますし，嵐に巻き込まれないように碇を下ろすこともできます。もし，一旦，碇を下ろしてあなた自身を安定させることができれば，おそらくは，実用的で目的を持った，何か人生を向上させるようなことをするための時間をいくらか手に入れられるでしょう。

クライエント：たとえば，どんなことをですか？

セラピスト：そうですね，では早速，取りかかりましょう。最初に碇を下ろすことをやってみませんか？

モデルを示し，促し，強化する

ご存知の通り，ACT のモデルでは，その全体が「有効性（workability）」の概念に基づいている。次の質問について考えてみてほしい。「あなたが行っていることは，豊かで，満たされ，有意義な人生をあなたに提供することに役立っていますか？」。もしこの質問への答えが「イエス」なら，その行動は有効であるといえる。もしその答えが「ノー」なら，それは有効でないといえる。

おそらく，読者は，ACT が行動分析学に基づいていることも知っているだろう。行動分析家にとって，「行動」という用語は，純粋に「有機体が行うこと」を意味する。つまり，考えること，感じること，思い出すことはすべて有機体が行うことなので，その意味で行動分析家にとっては，これらは皆，行動と見なされる。

どのセッションでも，僕たちセラピストは2種類の行動，つまり有効な行動と有効でない行動を探すことになる。

有効な行動を特定したなら，僕たちは，その行動の維持または増加につながるような何かを提示することでその行動を強化する。そして，反対に有効でない行動を特定したなら，僕たちはそれをさえぎり，そして，代替となる有効な行動の方を強化する（行動分析家は，これを「分化強化」と呼ぶ）。

このようにして，僕たちはどの ACT のセッションでも，絶えず ACTの6つのコアプロセスのモデルを示し，コアプロセスを促し，そして，コアプロセスを強化することを狙っている。

ACT プロセスのモデルを示す

僕たちセラピストは面接室の中で ACT を具現的に実践することを通して，クライエントに対し ACT の6つのコアプロセスのモデルを示すことができる。たとえば，僕たちは次のように振る舞うだろう：マインドフルに，思いやりを持って，自身の価値に基づきながらセラピーに取り組む；オープンさと好奇心をもってセラピーのプロセスに注意を払う；役に立たない自分自身のマインドのおしゃべりから脱フュージョンする；クライエントを支援する中で現れる自身の不安に対して積極的にスペースを作る；そして，コーチやセラピストとしての僕たちの価値，たとえば思いやり，敬意，誠実，真正，優しさ，つながり，貢献などと絶えず接触する。

ACT プロセスを促す

僕たちセラピストは，それぞれのセッションの中でクライエントの心理的柔軟性の向上を積極的に促したいと考えている。言い換えると，僕たちは，**セッションそれ自体の中で**，クライエントがマインドフルネスを実践し，価値とつながり，ゴールを設定し，行動を起こすよう促したいと思っている。これを促すためには，しばしば重なりあう2つの主要な方法がある。それは，構造化されたエクササイズと，気づきを促すこととコメントすること，である。

構造化されたエクササイズ

駆け出しの ACT セラピストは，構造化されたエクササイズを忠実に行うかもしれない。構造化されたエクササイズにはたとえば次のようなものがある：身体的なメタファー（身振りで表されるもの），言語的なメタファー（言葉で表されるもの），ワークシート，考えを歌うことや自分のマインドにお礼を言うことなどの特定の技法，マインドフルに呼吸すること

や川下へ流れる葉っぱとして考えを視覚化すること，自分自身の葬儀を想像することなどの体験的なエクササイズ。

気づきを促すこととコメントすること

セラピストは ACT に馴染んでいくにつれて，面接室内で，今なにが起こっているのかを単にコメントするだけでも，クライエントのコアプロセスの向上を促せるということを実感するだろう。たとえば，「たった今マインドがあなたに囁いていることに気づくことができますか？」や「どうやってマインドがあなたをこの話題へと引き戻し続けるのか，そのことに気づくことができそうですか？」などの質問をクライエントに投げかけるだけで，脱フュージョンを促すことができる。また，単に「たった今あなたは，その感情にどのように対応していますか？　積極的に戦っていますか？　我慢していますか？　それとも，それとの戦いを手放していますか？」といったコメントを通して，アクセプタンスを促すことができる。さらに，「これはあなたにとって本当に大切なことのようですが，いかがでしょうか？」のようなコメントを通して，価値との接触を促すことができる。

ACT プロセスを強化する

セッションの中で，セラピストが，クライエントにおける心理的柔軟性のサインに気づいたなら，それらすべては有効な行動の例だといえる（例：クライエントが価値と接触する，役に立たない考えから脱フュージョンする，不安をアクセプトする，「今，この瞬間」に従事する，自己に対する思いやりを実践する）。クライエントの有効な行動が現れたときには，それらを積極的に強化するようにしよう。そうするためには，多くのやり方がある。たとえば，セラピストが気づいたことについて，クライエントにとって励みになったり，しっかりと見てもらえているとわかるよう

な形で，クライエントにコメントする方法もある。または，クライエント
がその有効な行動をどのように実行しているかについて，関心を示す方法
もある。また僕たちは，クライエント自身が行っていることやその行動が
持つ効果に意識を向けるよう，クライエントを促すかもしれない。もしく
は，クライエントの行動によって僕たちがどのように感じたのか，それが
セラピー関係にどんな影響をもたらすかについて，クライエントと共有す
ることもできる。以下に，読者がセッションの中でクライエントのACT
のプロセスをどのように強化できるかを考えるのに役に立ついくつかの例
を紹介しよう。

- 「今あなたが本当に積極的に取り組まれているということがはっきり
  と伝わってきました。面接の初めの頃，あなたには少し距離が感じら
  れて，注意も逸れがちなようでしたが，今のあなたはまさに『ここ』
  におられるようです。このことに，ご自身では気づいておられました
  か？　それはどんな変化をあなたにもたらしたのでしょう？　他にも
  あなたの人生の他の領域で，こんなふうに積極的に取り組まれている
  時間はありますか？」
- 「おー！　あなたがこんなふうに価値に触れておられるのを見て，私
  は本当に嬉しく思います」
- 「気づいておいででしたか？　しばしの間，あなたのマインドはあな
  たを完全にとりこにしてしまっていましたが，今しがた，あなたはご
  自身を解放し『ここ』に戻ってこられました。どのようにされたので
  すか？」
- 「あなたは激しい痛みがありながらも，私と共にまさに今この瞬間に
  留まって，本当に積極的に取り組んでおられます。私はそう実感して
  います。ほんの数分前，私たちの間には壁があるかのようでしたが，
  今，それは崩れ去ったかのようです」
- 「まさしく，私は感銘を受けました。あなたは長年に亘って不安と戦

ってこられました。それにもかかわらずこの数分の間，あなたはそこに腰掛け，不安と戦うこともありませんでした。それはどんな感じでしょうか？　それはここでの私たちのやり取りにも何らかの変化をもたらしましたでしょうか？　伺いたいのですが，あなたが感情と戦うという，これまでしてきたことをやめたとき，今この瞬間にいることは前よりも簡単になりましたでしょうか？」

- 「そのことを私と共有していただき，ありがとうございます。とても嬉しく思います」

　注意してほしいのは，このような介入がクライエントの行動を実際に強化するのかどうかについて，僕たちはそれを事前に知ることができないということだ。そこで，まずは，どんなふうに言ったり，行ったりすることが**強化的だろうか**と考えてみる必要がある。そして，次に，それを試してみて注意深くその結果をアセスメントする必要があるのだ。

　つまり，もし上記の方法のひとつを使ってみたものの，それが目の前のクライエントのフュージョンや回避をいまだに引き起こすのなら，僕たちは，その介入が（その特定の行動に対して）**強化的でなかった**と結論づけるだろう。でも，もしその介入が実際にクライエントの有効な行動の増加につながったなら，そのときその介入は（その特定の行動に対して）**強化的だった**と結論づけることができるだろう。残念なことに，何かの介入が特定の行動を強化しているからといって，それが他の行動をも強化するということにはならない。そのため，僕たちが新しい行動を対象として強化しようとするときは，その行動をどのように強化することができるのかについてそれまでの体験から推測を行い，その後，注意深くその結果をアセスメントするようにしなければならない。

セッションとセッションの間での有効な行動を促す

　セッションの中で有効な行動のモデルを示し，その行動を促し，強化することに加えて，僕たちは，セッションとセッションの間でも，その行動をできるだけ促したいと思っている。そこで，セラピストは各セッションの終盤で，ある種の行為に対しコミットメントすることをクライエントに依頼することになる。これには，マインドフルネス技法の実践やワークシートへの記入から，特定の価値に基づくゴールに徹底的に取り組むこと，また，ある種の文脈の中の行動を単に観察し，その結果に意識を向けるといったことまで，ACT のプロセスのすべてが含まれるだろう。

　その次のセッションを始めるときには，クライエントに前回のセッションの終盤で話したことをクライエントが実際に最後までやり通したかどうかを尋ねよう。もし，そうではなく「1 週間はどうでしたか？」や「今日の調子はいかがですか？」のような日常会話でセッションを始めてしまった場合，まとまりのない，役に立たない，あるいは的外れな会話に多くの面接時間を費やすリスクを冒すことになる。次の台詞を参考に，焦点を絞った出だしの言葉を選ぶのがよいだろう：「前回のセッションの最後に，私たちは，あなたが X と Y と Z を行うことについて話しました。今日は，それがどうなったかについて伺うことから始めてもよろしいですか？」

　もしクライエントが，ポジティブな進展を報告したなら，次のような言葉かけをするのがいいかもしれない：「おー！　それは，素晴らしい」「一体どのようにされたのですか？」「ぜひ，私も見てみたかったなぁ」「それによって，どんな変化がもたらされましたか？」「感激です」「どのように他のことにも適用してみましたか？」「その他にもメリットがありましたか？」「奥さんはとても喜ばれたんじゃないですか？」「これについて話されるとき，本当に活き活きとしていて，活力に溢れて見えます」。僕たちがここで期待しているのは，面接室の外でクライエントのこういった行動

がさらに促進されることだ（もちろん，これが起こる保証はない）。

　では，もしクライエントがポジティブな進展を報告しなかった場合，どうしたらよいだろう？　この場合は，真っ先に，セルフ・アクセプタンスとセルフ・コンパッションに焦点をあて，次に，この本の第2部で紹介している，アクションを起こすことへのさまざまな障壁や障害に対する対処に移るのがいいだろう。

分化強化

　セッションの大部分で，有効でない行動をとってしまっているクライエントを想像してみてほしい。たとえば，絶えず心配し，考え込み，自分を責め，他者を非難し，自分の感情と戦っているクライエントの状況だ。そして，そんなクライエントに対し，セラピストがいわゆる「サポーティブなカウンセリング」を実施しているところを想像してみてほしい。セラピストは，せいぜい，思いやりを持って耳を傾け，たくさんの共感を示し，支持と励ましの言葉をかけているだけだとしよう。さて，どのような結果が起こるだろう？

　短期的には，クライエントの気分が楽になる可能性は高い。でも，どれだけ，セラピストが彼の話に思いやりと敬意を持って耳を傾け，そして，優しく，気遣って振る舞ったところで，このセラピストの振る舞いはむしろクライエントの有効でない行動（心配すること，考え込むこと，批判することなど）を増加させてしまう可能性が高い。セラピストはクライエントの有効でない行動に対して，それを増加させるに十分なだけの見返り（思いやり，配慮，敬意）を提示してしまっているのだから。つまり，セラピストはクライエントの有効でない行動を強化してしまっている。これは結局，クライエントを助けるよりも，むしろクライエントを行き詰まらせてしまうことになるだろう。

　そこで，セッションの中でクライエントの有効でない行動が現れたら，

その行動がそれ以上増えることがないように，クライエントのより有効な行動を促し，それを強化するようにしよう。言い換えれば，「分化強化」を提供するのだ。たとえば，僕たちは，僕たちが気づいていることをクライエントと共有したり，クライエントがしていることやそのことがクライエント自身にどんな影響をもたらすのかに気づいてもらったり，クライエントの行動が僕たちをどんなふうに感じさせるのか，それがセラピー関係にどのような影響を与えるのかについて，クライエントと共有することができるかもしれない。この本の第2部では，それらの方法についてたくさんの例を紹介しているので，ぜひ確認してほしい。

さあ，実験だ！

ここ最近のいくつかのセッションを思い返して，クライエントの有効な行動と有効でない行動の例をあげてみよう。また，読者がクライエントの有効な行動を積極的に強化するのはどんなときだろうか？

セッションの中でクライエントの有効な行動が現れたことに読者が気づいたとき，それを積極的に強化するための読者なりの簡単な方法を考え出そう。次に，読者のクライエントにそれらを実際に使ってみて，その結果をアセスメントしよう。ただし，あるクライエントの行動を強化できたという事実は，他のクライエントの行動も同じように強化できることを意味していない。そのことも心に留めておこう。

もし今，非常に行き詰まっているクライエントを担当しているならば，読者の最近のセッションを注意深く思い返そう。セッションの中でどういったクライエントの有効でない行動が起こっているのだろう？　読者がセラピストとして，聞き上手や良い人の役割を担ってしまうことで，そういった行動を意図せず強化してしまっていることはないだろうか？　次回のセッションで読者が分化強化できそうなクライエントのより有効な行動とは何だろう？

▰▰▰ 第*4*章 ▰▰▰

きっかけと見返り

　読者は，これまでに「自分自身のことを本当に知りたいんです」「変わりたいんですが，どうしたら変われるのかわかりません」「なぜ自分がそれを続けてしまうのかわからないんです」，あるいは「本当に止めたいんですが，自分自身を助けようとは思えないんです」などと述べるクライエントを担当したことがあるだろうか？　読者は，これまでに，うまくターゲットとするにはどうしたらよいかわからない，扱いにくいクライエントの行動に出会ったことがあるだろうか？

　もしあるなら，読者はこの章がそういったことに取り組む内容だと知って，きっと嬉しく思うだろう。僕たちはこの章で，クライエントの行動を理解するうえで役立つある強力なツールを見ていく。それは，クライエントのいかなる扱いにくい行動に対しても，僕たちが広い範囲で効果的な介入を生み出し，そして，クライエントが自分の行動をもっと効果的に管理するうえで役立つだろう。それは恐らく ACT における究極のツールだ。

きっかけ，行動，そして見返り

　すべての行動は，有効であってもなくても，目的的だ。つまり，僕たちが気づいていてもいなくても，行動はいつもある種の結果を成し遂げることを意図されている。行動の意図や目的（機能）を理解するためには，3つのカテゴリーの情報を集める必要がある。それは，次の表に書かれてい

きっかけ （行動に先行する 状況，思考，感情）	行動 （有機体がすること）	見返り （その行動を続ける に至る結果）

る「きっかけ」「行動」「見返り」だ（注釈：この表は，きっかけに始まり，行動，見返りへと連続的に構成されている。でも実際には，ターゲットとする「行動」が，機能分析におけるスタート地点にあたるので「行動」の欄がまずは埋められることになる。そこで，以下の節では，最初に行動について論じることにする）。

行　動

　第3章で見てきたように，「行動」は，単純に有機体が行うことを意味する。公的行動は，他者から直接観察される可能性のある行動のことだ。

ここでは「可能性のある」という言い回しに注意してほしい。もしあなたが、家の中で、一人でお酒を飲んでいたとしても、それは公的行動に分類される。なぜなら、それがたとえプライベートな空間で行われていたとしても、たとえば壁にビデオカメラが取り付けられていれば、その行動は他者に観察される「可能性がある」からだ。日常会話では、僕たちは公的行動のことを一般に「行為」と呼んでいる。

私的行動は、その有機体自身によってのみ直接観察されうる行動のことだ。人間の場合、私的行動には、考えることや空想すること、思い出すといった活動も含まれる。これらの活動は、行っている本人以外は誰も直接観察することができない。

でも、もし僕たちが自分の思考や空想、記憶を書き留めたり、それらについて大声で話したとしたら、そこでの書く、話すといった活動は公的行動となる。なぜなら、それが他者によって観察される可能性のある行動だからだ（新進気鋭の神経科学者のための注釈：確かに、MRIやPETスキャナーは、脳内の電気化学的な活動のパターンを観察することができる。でも、スキャナーの中にいる人が頭の中で経験している言葉や絵は、観察することはできないのだ）。

きっかけ

「きっかけ」とは、行動の直前に先行して行動に直接関係する出来事を、わかりやすくかみ砕いて言い表した言葉だ。行動分析の専門用語では「先行事象」という。クライエントにとっての行動のきっかけ、あるいは先行事象には、典型的にはクライエントがいる状況、クライエントが持っている思考や感情が含まれる（この本に出てくる「思考や感情」というフレーズは、認知や感覚、衝動、記憶、感情、イメージを含めた、すべての私的な体験を意味している）。

見返り

「見返り」とは，行動を持続させる，行動の直後の結果のことだ。行動分析では「強化的な結果事象」といわれるもので，行動を持続させたり，増やしたりするような行動の直後の結果のことだ（注釈：もし行動の直後の結果が，行動を徐々に減らすのであれば，その結果は「弱化的な結果事象」といわれる。ACT では，有効ではない行動の弱化よりも，むしろ有効な行動を強化することが強調される。そのため，今後僕たちはこの本で弱化について議論することはないだろう）。

機能を見極める

行動分析では，行動のカタチ，つまり行動が外から観察する人にどのように見えるのか，ということ以上に，もっと関心を寄せていることがある。それが行動の機能だ。大まかに言えば，行動の機能とは，行動の目的のことで，何を成し遂げることを意図されているかということだ。この行動の機能を見極めるためには，僕たちは3つの重要な質問に答えなければならない。

- **行動**：クライエントは何をしているのか？
- **きっかけ**（先行事象）：どんな状況や，思考，感情が，その行動の直前に先行しているのか？
- **見返り**（強化的な結果事象）：どんな結果が行動を持続させているのか？

以下は，マリファナ依存のクライエントの行動を，きっかけ，行動，見返りを用いて行った機能分析である。

きっかけ （行動に先行する 状況，思考，感情）	行動 （有機体がすること）	見返り （その行動を続ける に至る結果）
状況：夜，家で一人。 思考：「僕には友達がい 　　　ない」「付き合う 　　　仲間がいたらいい 　　　のに」 感情：悲しみ，孤独，不 　　　安，退屈，マリ 　　　ファナを吸いたい 　　　衝動。	マリファナを吸う。	安心した気持ち。 苦痛を感じる思考や感 情，衝動が消える。

　上の表を見れば，僕たちには行動の意図を簡単に理解することができる。それは，苦痛を感じる思考や感情からの逃避だ。このクライエントにとってその見返りは強力であり，彼が薬物を使い続けることになんの不思議もないだろう（行動分析の用語では，「行動の結果事象が非常に強化的である」という）。

　以下は，同じクライエントの別のきっかけ，行動，見返りの表だ。

　ここでも同じく，きっかけと見返りが行動の機能をはっきりと示している。つまり，苦痛を感じる思考や感情からの逃避だ。この見返りもクライエントにとっては強力で（「この結果事象は非常に強化的である」），マリファナを止めようとしているにもかかわらず，使い続けてしまうのだ。

　そのため，クライエントが「なぜ僕はこれを続けてしまうのでしょうか？」と僕たちに尋ねたときには，紙の上に3つの欄を描いて，このきっかけ，行動，見返りの分析に用いるととても役立つ。読者がこの機能分析のスキルを上達させるために（僕は，実際にこれが読者のACTのスキル

60　第1部　私たち自身を行き詰まりから解き放つ

きっかけ （行動に先行する 状況，思考，感情）	行動 （有機体がすること）	見返り （その行動を続ける に至る結果）
状況：マリファナを吸う 　　　のをやめようとし 　　　て，24時間吸わ 　　　ずに過ごし，急性 　　　禁断症状が生じ 　　　る。 思考：「これはとてもき 　　　つい」「マリファ 　　　ナが必要だ」「こ 　　　れ以上我慢できな 　　　い」 感情：不安，禁断症状， 　　　マリファナを吸い 　　　たい衝動。	マリファナを吸う。	安心した気持ち。 苦痛を感じる思考や感 情，衝動，禁断症状が消 える。

を高めるものであることを保証しよう），以下の3つの例に当てはまる3
人のクライエントを思い浮かべてみてほしい。行動はすでに指定してある
ので（シンプルさを保つために，いずれのケースにおいても行動は公的行
動にしておく），読者がすることは，きっかけと見返りの欄を埋めること
だ。思い出してほしい。きっかけと見返りは，問題の行動の直前と直後に
起こる出来事だ。いくつかの例は別として，ある出来事がきっかけや見返
りとして機能するためには，行動とその出来事の間の時間間隔がとても短
くなければならない。

きっかけ （行動に先行する 状況，思考，感情）	行動 （有機体がすること）	見返り （その行動を続ける に至る結果）
	嗜癖行動（たとえば，薬物，お酒，ギャンブル）	
	社会的引きこもり	
	自殺行為（たとえば，自殺するつもりだと言うこと）	

ここから先に読み進める前に，まずは，この欄を埋めるというエクササイズを完遂しておこう。このエクササイズは，機能という概念を理解するのにとても重要だからだ。たとえ読者が，ここに挙げられたような問題を抱えるクライエントを担当することがなかったとしても，こういった行動を行う人々に影響を与える可能性のあるきっかけや見返りを想像するために，ここで時間を割いておくのがいいだろう（もし完全に途方に暮れてしまっても，心配いらない。www.actmindfully.com.au の無料リソースのページから，これらの質問に対する答えを書いた文書をダウンロードできる〔英語〕）。

有効性を再考する

ここまで，読者がうまくやることができていれば，今や読者はクライエントの有効な行動と有効ではない行動の概念を明確に理解できているはずだ。

有効な行動の見返りは，活力に溢れ，豊かで，満ち足りていて，意義のある生活を経験することになる。

有効ではない行動は，苦痛を避けたり，良い気分になるといった見返りが得られるけれど，その行動は，長い人生における重大な代償を払うことにもなる。つまり，苦悩が増えたり，充足感が欠けたり，活力を失ったり，豊かさや満足感，意義を欠いた生活を経験することになるのだ。

表を使うか，会話形式で行うか？

面接において，必ずしも読者は，クライエントに対して，きっかけ，行動，見返りの3つの欄の表を長々と続ける必要はない。もし読者が望むなら，これを会話形式で行うことだってできる。そうはいっても，やはりこの表はとても役立つ場合が多い。それはなぜか？　ひとつには，書いた表

きっかけ （行動に先行する 状況，思考，感情）	行動 （有機体がすること）	見返り （その行動を続ける に至る結果）
状況：仕事中，新しい彼女と２回目のデートをする２時間前に。 **思考**：「彼女は僕のことをつまらないと思うだろう」「話題が尽きてしまうだろう」「僕が本当は何が好きかを知ったら，彼女は僕を見捨てるだろう」「僕はまた拒否される準備をしている！」「すべて失敗しそうだ」 **感情**：不安，拒否される恐怖。	心配し続ける。	身体の不快な感情から気をそらす機会をもたらす。 その問題を解決するために一生懸命になっている感覚を生み出す。 最悪の結末に対する備えとなる。

をクライエントに持ち帰ってもらうことができるので，何について話したかをクライエントが思い出しやすくなるからだ。でも，もっと重要なことは，あなたがひとたび表を書き上げれば，以下に記述したような介入のために活用できるということだ。

情報を集める

　心配し続けることをやめたいと思っているクライエントの，きっかけ，

行動，見返りの表とともに，次のセクションへと移ろう。

その行動を記録する

このケースでは，行動の欄に私的行動を設定した（この欄は，公的ある
いは私的行動のどちらか一方にするとよい。両方を含めると混乱の元にな
るからだ）。

きっかけを特定する

ひとたび行動の欄を埋めたら，きっかけの欄に移る。もちろん，クライ
エントの多くは，すぐにきっかけを特定することができない。そのような
場合，僕たちはそのきっかけとなった状況を再現するべく試みて，そこで
の思考や感情を特定する。以下が，その再現をするためのやり方の例だ。

- 「このセッションを，あなたがＸ（*生起した問題行動を，批判的では
  ないように名づける*）をする直前に巻き戻して，そのきっかけを見つ
  けられるかどうかやってみたいのですが，よろしいですか？　その行
  動は，私があなたの価値について質問した直後に始まりました。そこ
  で，もしあなたが良ければ，私はまったく同じ質問をしてみたいと思
  います。でも，今回あなたにやってほしいことは，10秒止まって，
  どんな思考や感情が現れるかに気づいてもらうということです。それ
  では，あの行動を繰り返したくなる衝動を感じられるかどうか，見て
  みましょう」
- 「ではこれが最後に起こったときのことを思い出せるでしょうか？
  それがまるでたった今起こっているかのように，そのシーンをできる
  限りありありと思い描いてみましょう（*そしてセラピストは，状況，
  思考，感情を特定するために，以下の台詞に沿って一連の質問をす*

る）。あなたはどこにいますか？……あなたは何をしていますか？
……今何時ですか？……何が見えて，何が聞こえますか？……あなた
は何をしていますか？……そこで一緒にいるのは誰ですか？……ほか
の人は何を言っていて，何をしていますか？……あなたはどんなこと
を感じていますか？……どんなことを考えていますか？」

見返りを見つける

　次に，見返りの欄を埋める。これについても大抵クライエントは行動の
見返りをすぐには見つけられないので，何らかの心理教育が必要になって
くる。僕たちは，ほとんどすべての問題行動が持つ，4つの主要な見返り
のカテゴリー（それらは各々が重なり合っている）について説明する。

- 気分が良くなる
- 不快な思考や感情を避けたり，取り除いたりできる
- 嫌な状況から逃れられる
- 注目を得られる

　以上をクライエントに説明したら，クライエントが問題となっている行
動をしたときにこれらの見返りを得たかどうかを尋ねる。以下の例で，ク
ライエントは怒りのマネジメントのために来所している。クライエントは
すぐに自分の攻撃的な行動のきっかけを見つけることができたけれど，見
返りについては，進んで見つけようとしないか，あるいは見つけることが
できなかった。彼のきっかけ，行動，見返りの表は，以下のような内容で
あった。

きっかけ （行動に先行する 状況，思考，感情）	行動 （有機体がすること）	見返り （その行動を続ける に至る結果）
状況：僕の帰宅が遅かったことについて，妻が不満を言ってくる。 **思考**：「口うるさいな」「いつもしつこくしてくる」「どうして僕に休息を与えないんだ？」 **感情**：怒り，落胆。	叫んだり，ののしったり，物を投げたり，暴力で脅す。	安心した気持ち。苦痛を感じる思考や感情，衝動が消える。

　注釈：これはわかりきったことかもしれないけれど，僕たちは行動を常に中立的な言葉で記述する必要がある。僕たちは決して「夫にガミガミ小言を言う」あるいは「ソファーで食っちゃ寝して，だらしなく過ごす」などと言い表したりしない。むしろ，「イライラした声の調子で，何度も夫に，彼の行為について指摘する」あるいは「スナック菓子を食べたり，居眠りしたり，テレビを観ながら，ソファーで6時間費やす」などと言うだろう。こうすることで，攻撃的な行動を，「脅す」「罵る」といった批判的な表現を用いずに，中立的な表現で表に記入することができるのだ。

　以下のやりとりでは，クライエントが見返りを明確にすることを，セラピストが手助けしている。

　セラピスト：ご自分の行動の見返りに気づくことは，ときに容易ではありません。見返りは一般的に4つのカテゴリーに分類されます。私たちの気分を良くするもの，嫌な気分を止めてくれるもの，困難な

状況から脱出させてくれるもの，注目を与えてくれるものです。さ
て，あなたの行動の目的は，困難な状況から脱出することのように
思えます。休息がほしい，奥さんに離れてほしいと思って，あなた
がここに書いたように（*きっかけの欄から引用しながら*）。その通
りになりましたか？

クライエント：ええ，彼女はベッドルームに逃げていったよ。

セラピスト：なるほど。そこであなたは，即座に強力な見返りを得たこ
とになります。あなたの行動は不快な状況からあなたを脱出させた
のです。気が休まるような感覚はありましたか？

クライエント：まさに，そうだね！

セラピスト：そこにはさらに2つの見返りがあります。怒りや落胆とい
った不快な感情を取り除き，そして心地よい感情を得る経験をした
のです。

　もし，このやり方でもクライエントが見返りを明らかにできないなら，
僕たちには見返りを中立的にクライエントに説明する方法がある。
　見返りの欄をひとたび埋めてしまえば，前述の状況に続く以下の例のよ
うに，僕たちは有効性の概念に戻ることができる。

セラピスト：そういったわけで，この行動（*行動の欄を指さして*）はあ
なたにとって，決定的に重要ないくつかの見返り（*結果の欄を指さ
す*）をもたらすわけです。それは，あなたをこの状況から脱出させ
てくれて（*きっかけの欄にある状況を指さす*），これらの思考や感
情を取り除き，安心感をもたらします（*きっかけの欄にある思考や
感情を指さす*）。でも，少しの間，ここに戻りましょう（*〔第6章で
説明した〕価値の的のワークシートをピックアップし，人間関係の
領域を指さす*）。あなたが取り組みたいこと，それはつまり結婚生
活のことですよね？　あなたが望むような結婚生活を送っていくこ

とに関して，この行動はあなたを価値の的の中心部へと近づけてくれますか？　それとも遠ざけますか？

　ひとたびクライエントが，自分の行動の非有効性に触れることができれば，セラピストは代わりとなる有効な行動に焦点を移すことができる。でも，機能分析に基づいた有効な介入へと話題を移す前に，心配や反すうといったプロセスが，ほとんどの人に共通する，強化される見返りに至りやすいということに注意しておこう。第一に，心配や反すうは，僕たちを思考へと引き込む強力な認知的プロセスで，僕たちが身体に不快を感じることを避けるのを手伝ってしまう。第一に，それは問題を解決するために一生懸命に努力しているという感覚をもたらす。多くのクライエントはこういった見返りに気づいていないものの，僕たちにはそのことについてクライエントに説明しておくことができる。それは重要な心理教育のひとつだといえるだろう。ただし，心配に巻き込まれているクライエントの場合，たいていもっと別の共通する見返りが存在している。それは，心配することが最悪のシナリオに備える手助けとなるという見返りだ。この章の前半に出てきた，仕事中に心配し続けるクライエントの機能分析の表の中で，こうした見返りを確認することができるだろう。

効果的な介入を生み出す

　ひとたびこの表を埋めたら，僕たちはトリフレックスのどの角からも，マインドフルネスや価値，あるいはその両方に基づいた介入を簡単に生み出すことができる。たとえば，仕事中に心配し続けるクライエントの場合，僕たちは「大切だと思うことをする」の角に進み，職場における価値についてクライエントに尋ねるかもしれない。クライエントが生産性，効率性，あるいは熟練といったことに価値を置いているとしよう。その場合，僕たちは「わかりきったことかもしれませんが，仕事中に心配し続け

ることは，それらの価値に沿って生きる手助けにはならないように思えます」などと言えるだろう。

　クライエントにとって，心配し続けることは有効な行動ではないということがひとたびわかってしまえば，代わりとなる有効な行動について考えることができる。たとえば，僕たちは「オープンになる」の角から行動を選ぶかもしれない。

> **セラピスト：**（きっかけの欄を指さして）これらの思考や感情が次に生じたときに，これらがあなたに及ぼす衝撃や影響を弱めて，もし，これらともっと違った付き合い方ができたなら，それは有意義なことだと思います。心配し続ける代わりに，もっと効果的な何かをすることができるでしょうか？

　ここでセラピストは，新しい「オープンになる」行動を紹介することができる。それは心配事の思考に対する脱フュージョンのテクニックや，不安の身体的な感覚に対するアクセプタンスのテクニックだ。

　あるいは，僕たちは「大切だと思うことをする」の角に取り組んで，そこに留まることもできる。

> **セラピスト：**次にこういったきっかけが生じたときに，もしあなたが心配し続ける代わりに，ご自分の価値によりいっそう基づいて生活しやすくなる何か他のことを行うのであれば，それは有意義なことだと思います。

　今やセラピストは，建設的な問題解決や効果的なアクションプランを立てるといった，新しい「大切なことをする」行動を導入できる。

　もちろん，僕たちは「今，ここに，いる」の角から始めることもできる。

セラピスト：これらの思考や感情が生じてしまうと，あなたにとって，目の前の課題に焦点をあて続けることはとても難しいように思えます。ある意味，「心配し続ける」とはそういうことなんです。つまり，将来うまくいかなくなることについての思考に強くとらわれてしまい，私たちが今この瞬間でしていることとの接点を失ってしまいます。そして当然ながら，取り乱して焦点が定まらなくなればなるほど，仕事は困難なものになります。こんなときには課題焦点型注意のスキルを学ぶことがとても役立ちます。これは，思考や感情に没頭する代わりに，目の前の課題に対して注意を維持する能力を高めるというものです。課題焦点型注意の良い点は，それが心配し続けることの対抗手段であるということだけでなく，人生のいかなる領域においても役立つということです。もし私たちが，車の運転から愛の営みまで，テニスをすることから夕食の料理まで，何かをうまくやり遂げたいと思うなら，自分がすることに焦点をあて続けながら，それを行う必要があります。

　課題焦点型注意の訓練を手助けするために，セラピストは，今やあらゆるやり方で「今，ここに，いる」行動を導入することができる。たとえば，マインドフルな呼吸，マインドフルな歩行，マインドフルに食べること，マインドフルに飲むこと，マインドフルに聞くこと，マインドフルに靴ひもを結ぶことなどがそれだ。

　大事なことをひとつ忘れていた。僕たちは有効性に関して検討するときに，見返りと人生の代償を比較しながら見返りの欄を見ることができる。これを説明するために，前述のマリファナ依存のクライエントの例に戻ろう。

　セラピスト：（*行動の欄を指さして*）では，あなたがマリファナを吸う

とき，明らかにマリファナはあなたにある強力な見返りをもたらすのですね（*見返りの欄を指さす*）。マリファナはこういった不快な思考や感情を簡単に取り除いて，明るく，落ち着いた，リラックスした気分にしてくれます。でも，長期的にはあなたにどんな代償をもたらすのでしょうか？

　今やセラピストは，クライエントを行動の長期的な代償と心理的に接触させることができる。そのために，セラピストはクライエントに「長期的に見て，この仕事は，あなたが求める生活をあなたにもたらしますか？」や，あるいはもっと詳しく「この仕事は，あなたが求める結婚生活［キャリア，身体的な健康など］をあなたにもたらしますか？」，または「このことが，あなたの人間関係にもたらす影響はどんなものでしょうか？」「このことは，あなたがなりたいと思う父親になるために役立ちますか？」などと尋ねるかもしれない。

　もしセラピストが古典的な価値の的のワークシートを用いているなら，「このことは，あなたを的の中心に近づけますか，それとも遠ざけますか？」と尋ねるかもしれない（もしあなたが，このとても強力なACTのツールである価値の的のワークシートに親しくないなら，この章を読み続ける前に，その詳細が書かれている第6章を参照することを勧める）。

機能分析がもたらす恩恵

　機能分析（すなわち，きっかけ，行動，見返り）がどのように役立つかを考えてみよう。（行動分析学では，先行事象〔antecedents〕，行動〔behavior〕，結果事象〔consequences〕の頭文字を取ってABC分析と呼ばれる場合もある）。機能分析は，下剤の使用であれ過食であれ，反すうであれ復讐の空想であれ，自殺行為であれギャンブルであれ，安心を求めることであれパーティーを避けることであれ，いかなる行動に対しても，

僕たちやクライエントがその機能を理解するための助けとなる。機能分析は何がその行動の動機になっているか（きっかけ）だけでなく，行動を維持するものが何であるか（見返り）を明確にすることを可能にする。加えて，機能分析は，いかなる対象の行動でも，その有効性（すなわち，見返り vs. 代償）を，はっきりと，オープンに，誠実に見極めるための道を切り開いてくれる。最後に，機能分析は，ヘキサフレックスやトリフレックスのいかなる領域からでも，さまざまな介入を生み出すことを可能にしてくれる。言い換えれば，機能分析は，ACTにおける行き詰まりを打開するための究極のツールなのだ！

さあ，実験だ！

2つの「きっかけ，行動，見返り」を今すぐ分析しよう。あなたが現在一緒にセラピーに取り組んでいるクライエントを2人選び，公的行動と私的行動を1つずつ選ぼう。

次のセッションでの介入のアイデアを生み出すために，その2人のクライエントについて，きっかけ，行動，見返りの表を使おう。

次の1週間で，少なくとも1つの「きっかけ，行動，見返り」の分析をセッションの中で行おう。

もしあなたが行動分析についてもっと学びたいなら，初学者レベルの本で最も良いのは，『臨床行動分析のABC』（ランメロ，J., トールネケ，N.〔著〕, 松見淳子〔監修〕, 武藤崇・米山直樹〔監訳〕2009. 日本評論社）だ。

＊訳注：日本語で読めるその他の臨床行動分析の書籍としては，専門書として『ACTハンドブック』（星和書店），関係フレーム理論についての解説書として『関係フレーム理論（RFT）をまなぶ』（星和書店），入門書として『はじめてまなぶ行動療法』（金剛出版）などがある。その他，関連書籍についてはACT Japanホームページ（http://www.act-japan-acbs.jp/books.html）で多数紹介している。

第2部

クライエントを行き詰まりから
解き放つ

第5章

乗り気でないクライエント

　乗り気でないクライエントはさまざまな理由でやって来る。たとえば，あるクライエントは，法廷機関，医療保険機関，あるいは行政福祉機関によってセラピーへの参加を法的に命じられたのかもしれない。また別のクライエントは，あなたの問題を解決しないと別れると脅すパートナー，あるいは解雇すると脅す上司によって強要されたのかもしれない。もしくは，善意の友人や親戚あるいは医師などの医療従事者などによって強要されたのかもしれない。このように来談のきっかけは実にさまざまだ。でも，それがどういった経緯であれ確かなことが1つある。それは，乗り気でないクライエントは，熱意がなく，やる気がなく，オープンではないということだ。そこで，なんらかの工夫なくしては，彼らは僕たちが提供しようとするものを受け入れてはくれないだろう。

乗り気でないクライエントの心をつかむ 4つのステップ

　乗り気でないクライエントにACTを受け入れてもらうための4つのステップを紹介しよう。これは，ACTの主たる先駆者の1人，ケリー・ウィルソンのやり方におおよそ基づいた方法だ。

- 共感する

- ノーマライズし，承認する
- セラピスト自身の価値を表明する
- 自由意志スイッチのメタファーを使用する

　これから，これらのステップを一つひとつ掘り下げていくけれど，まずはその前に，僕が普段の臨床で対象としているのが常に成人であることを断っておきたい。僕は児童・青年期を対象としたセラピーの経験がないので，これから述べる内容の一部，あるいはすべてはそうした年齢のクライエントには不適切かもしれない。もしあなたが児童・青年期を対象としたセラピーを行っているとしたら，どうかこの章の内容を適用するときには十分慎重になってほしい。そして疑わしい内容があれば使用を避けてほしい（そして，もちろんこれから紹介するステップについては，いつものようにACTモデルを元にして，あなた自身のセラピースタイルやクライエントに合わせて使うようにしよう）。

ステップ1　共感する

　まず，クライエントの立場に自分自身を置くことから始めよう。「もし私があなたの立場だったら，無理やりここに来させられ，セラピストに会うよう言われたら，それは嬉しいことではないでしょうね。自分が何をすべきかを人から命令されたくないですし，もし私があなたの側の椅子に座っていたなら，本当にうんざりしていると思います。ですから，私は，あなたが今どのようなお気持ちでいるのか気になっているんです」

ステップ2　ノーマライズし，承認する

　ステップ1に対してのクライエントの反応の仕方はさまざまだ。あるクライエントは，この機に自分の葛藤と怒りをぶちまけるだろう。また，あ

るクライエントは，「いえいえ，ここにいることにはなんの問題もありません。いえ，本当です！」というように否認するだろう。そして，あるクライエントは，自分がどのように感じているのかを共有する機会にするだろう。クライエントがどのような反応を示そうとも，それをノーマライズし（普通のこととして扱い），認めることが大切だ。たとえば，「とてもよくわかります。もし私が逆の立場だったら同じように感じているでしょう」と伝えることができる。

　自分は大丈夫である，幸せである，あるいは悩んでいないと主張するクライエントに対しては，たとえば僕なら「それはちょっと意外でした。でも，まあ，私たちは皆人生の困難に自分たちそれぞれのやり方で対処するものですし，それがあなたにとってやっかいなことでないのであれば，それはそれで素晴らしいことですね」というように伝えるだろう。

ステップ3　セラピスト自身の価値を表明する

　理想的には，ステップ3では次のような形で，セラピスト自身の価値を表明する。まず，次のような言葉から始めるかもしれない。「今からとても重要なことをお伝えしたいのですが，あなたにはその言葉を信じてもらえないのではないかとも思います。私がそれを伝えたら，あなたはおそらく，『そんなの信用できるか』と思うでしょう。それならば，それでもまったくかまいません。あなたがこれを信じる必要はありませんが，私にとってはこれを伝えること自体が重要なのですから」

　そして，僕たちの価値を表明しよう。あなたは何が動機となってこの仕事をしているのだろうか？　たとえば，「私がこの仕事に就いたのは，誰かがより良い人生を送るのを手助けするということに，私自身がとても価値を置いているからです。ですから，私はなにも裁判所［あなたの上司，パートナー，雇用者など］のためにここにいるわけではありません。あなたのためにここにいるのです。あなたがより良い人生を送ることをお手伝

いするためにここにいるんです。たとえ，あなたがそれをどのように受け取ったとしても，それ以上でもそれ以下でもなく，ただ心からそう言っています。私は，裁判所［あなたの上司，パートナー，雇用者など］が決めた「より良い人生」に興味はありません。私にとって興味があるのは，あなた自身が思う『より良い人生』なのです」と伝えることができる。

　もしクライエントが「おまえは給料のためにここにいるだけだろう」と言うならば，僕たちは次のように応じるかもしれない。「そう思われるのも無理はありません。そして，事実その通りで，私はこの仕事で確かに給料をもらっています。でもだからといって，私は給料のためだけにここにいるわけじゃありません。私は，誰かがより良い人生を送るための手助けをすることを心から大切だと思っています。繰り返しますが，あなたが私の言っていることを無理に信じる必要はありません。もし，私がお金のためだけにここにいるとあなたがそう思いたいのであれば，それでかまいません。あなたを説得するために私たちの貴重な時間を無駄にしたくはありませんから」

ステップ4　自由意志スイッチのメタファーを使用する

最後に，自由意志スイッチのメタファーを紹介しよう。

セラピスト：先へ進む前に，ひとつ想像してみてほしいことがあります。あなたの前に自由意志スイッチというものがあると想像してください。そのスイッチがオフのときは，あなたは自由意志に反してここにいるとしましょう。自分のためにここにいるわけではなく，ただ裁判所［あなたの上司，パートナー，雇用者など］から強制された［おどされた，強要された，強いられた，しつこく言われた，悩ませられたなど］のだとします。

　だから自由意志スイッチがオフだったとしたら，ここにいる時間

はまったくの無駄だということになりますよね。確かに，そういった相手方をなだめるためにここに来ようという発想もわかりますが，それはあなたにとって何の役にも立ちません。もしくはその他の方法として，あなたをここに送り込んだ相手の不満を言ったり，私に怒りをぶつけたり，窓の外を眺めたり，私の話にほんの一言で答えたり，私が聞きたいだろうと思うことをそのまま話したり，といったこともできるかもしれません。ただ，結局，そういったことはなんであれあなたの時間を大いに無駄にしてしまうことにつながります。

　でも，もし，あなたが自由意志スイッチをオンにしたならば，すべてが一変します。スイッチが入った瞬間，あなたは他ならぬあなた自身のためにここにいることになります。あなた自身の利益になるようにここでの時間を使うことができるのです。そこからあなたの人生をより良いものにするための方法について考えることができるでしょう。私がここで目指していることが，誰かがより良い生活を送るためのお手伝いだったことを思い出してください。あなたが自由意志スイッチを入れたなら，その瞬間，あなたは私の持っているすべての資源を自由に使えるようになります。そして，私たちは一緒に，あなたの人生をより良くするための取り組みを始めることができます。それから，私の言っている「より良い」という言葉についてですが，これは裁判所［あなたの上司，パートナー，雇用者など］が決めた何かではなく，あなたが決めた何かのことを言っています。

　そして，ここからが大切なことです。あなたがスイッチを入れようと切ったままにしておこうと，それによって，あなたを面接室から追い出すようなことはありません。これは単に，あなたがここでのすべての時間を無駄にするのか，それともあなたの人生にポジティブな変化をもたらすための機会として活用するのか，という選択

です。もちろん，あなたのスイッチをオンにするよう強いることは誰にもできません。すべてはあなた次第です。では，スイッチを入れるのか，あるいは切ったままでいるか，あなたはどうされたいですか？

　ここで，たいていのクライエントはスイッチを入れることに同意するだろう。もしクライエントがスイッチを切ったままにすることを選択したなら，次のように伝えることができる。「わかりました。あなたの意に反して何かをさせるような力は私にはありません。私たちがこの時間を有効に使うための唯一の方法は，もし私たちがチームになれたならの話ですが，一緒にあなたのより良い人生を築くために動き出すことです。あなたのスイッチがオフであれば，あなたの時間だけでなく私の時間も無駄になってしまうでしょう。それならば，いっそ，セッションを終わりにする方がよいかもしれませんね」

　こう伝えると，クライエントは普通，次のように主張するだろう。「セッションをやめてしまったら，僕は刑務所に入ってしまう〔妻が僕から去っていってしまう。上司が僕をクビにしてしまう。児童保護〔児童労働や虐待などから，児童保護法によって児童や未成年者を保護すること〕から子どもを返してもらえなくなる〕」。そう主張されたなら，こう返すことができる。「わかりました。それでは，いっそのことスイッチを入れて，あなたが刑務所に入る心配のないような〔あなたの上司がクビにすると脅してこないような，あなたのパートナーが別れると脅してこないような，あなたの子どもが保護されないような，など〕生活を作るために，一緒に取り組んでみるのはどうでしょう？」（以前，あるクライエントが僕にこう言ってきたことがあった。「先生，わかってくれますよね。必要なのは，裁判所への先生からの手紙だけなんです。私がカウンセリングのためにここに来たとさえ書いてくれればいいんですよ」。そのとき，僕はかなりいらだった態度でこう返答した。「わかりました，手紙を書きましょう。し

かし，その内容は，『この方はカウンセリングに訪れた。そして，なんら有益な取り組みが共にできないことが30分をかけて明らかになった。したがって，セッションはこれにより終了した』という内容になります」）。

自由意志スイッチのメタファーの素晴らしい点は，扱うべき課題を明確に取りあげられるところにある。その場にいたくない人とセラピーを取り組もうとするのはほとんど意味をなさないことが多い。それでもこのメタファーのおかげで，スイッチがオフになっているクライエントが相手でも，僕たちは少なくとも数回のセッションはめげずに努力することの価値を見いだせるかもしれない。もしそうであれば，そのスイッチを面接を継続すべきかどうかを判断するうえでの参照すべき基準として使うことができる。たとえばこんなふうに言うことができる。「それでは，一緒に取り組んでいきましょう。ときどき，私はあなたの自由意志スイッチがオンなのかオフなのかをあなたに確認してもらうようにしますね。あなたがスイッチを入れたときには，セッションから多くのことを得ているということに気づくかもしれません。また，スイッチをオフにしている間は，ここで一緒に過ごす時間を無駄にしていることにおそらく気づくでしょう。スイッチが切れているのは，たいていあなたの活力が失われているときなんです」

その後，もしクライエントが何かに取り組む，興味を示す，本音を語る，そしてポジティブな方法で取り組むことを始めたときには，それがいかに小さなものであったとしても，その行動を確実に強化するようベストを尽くす必要がある。この点については第3章で詳細に述べているので，確認してほしい。

もし，クライエントにスイッチを入れてもらうことができ，クライエントからより良い人生を送るために一緒に取り組むことの同意を得られたならば，それは良いスタートを切ったことを意味する。必要であればいつでも自由意志スイッチを再確認することができる。たとえば，中間のセッションでクライエントが窓の外を見つめ始め，ただの一言で答え始めたとき

には，「えっと，自由意志スイッチがまさに切れているように見えます。あなたはどう思いますか？」と伝えてみるのだ。

プロセスを修正する

　ここで紹介した４つのプロセスは，すべての乗り気でないクライエントに対する魔法の杖とまではいかないけれど，とても有効で，そしてもちろん，クライエントに合うように工夫して使うことができる。たとえば，僕は以前に，政府機関で働くカウンセラーと情報交換の機会をもったことがある。彼らは，失業者の支援を行うにあたって，ある困難な状況に直面するのだ。それは，そういったクライエント自身が乗り気でないということだ。彼らクライエントは職場に復帰することを望んでいるからではなく，カウンセリングに行かないと失業手当を止められるからという理由で来談している。そこで僕たちが編み出したアプローチをここに紹介しよう。

セラピスト：私があなたと一緒に取り組めることは２通りあります。１つ目の方法は，政府の公式代表者として，何が何でもあなたを仕事に戻すことです。しかし実のところ，私はこの方法にはまったく気が進みません。そこで，もうひとつの方法が良いのではないかと思っています。ここでの私の目的は，純粋に，そして単純に，人々がより良い人生を送るためのお役に立つことです。その意味では，あなたがより良い生活を送れるよう，私はあなたと一緒にチームとして取り組んでいくことができます。ちなみに，ここでいう「より良い人生」は政府によって決められることではなく，あなた自身が決めるものなんです。私の目的は，あなたが仕事に**戻ろうが戻るまいが**，あなたがより良い生活を送るためのお役に立つことです。私の雇用主はこのような話を聞いたら気を悪くするかもしれませんが，これは実際に本当のことです。さて，２つの方法のどちらについて

一緒に取り組みましょう？」

　この方法はとても実際的だといえるだろう。なぜなら，もし，クライエントが本当に働かないことを決意するのなら，このクライエントに必要なことは単に解雇されるよう職場で問題を起こせばよいだけなのだから。そうは言っても，ACTの観点からは，このクライエントが仕事に戻ろうが戻るまいが，僕たちはクライエントにはより豊かで満たされた生活を送ってもらいたいと心から望んでいる。逆説的ではあるけれど，人は自分自身の価値に触れるにつれて，多くの場合，仕事に復帰したいと思うようになる。でも，もし僕たちが彼らに仕事に戻るよう強制しようとするならば，セラピーはたいてい失敗するだろう。

　クライエントの中には自由意志スイッチを入れたように見える（あるいは，主張する）が実際には入れていないという人もやはり存在する。こういったクライエントは次のような形で明らかになるだろう。つまり，クライエントにおける自身の問題について周囲を責める，あるいは相手に落ち度があるのだから自分にできることは何もないと主張する，もしくは「なぜ変わらなければいけないんですか？　今の自分で十分幸せです！」と抗議するといった態度や発言である。僕たちはこういった問題にどう取り組んでいけばいいだろうか？　その答えは，第6章と第8章を読み進めることで得られる。

さあ，実験だ！

- 4つのステップのプロセスを自分のやり方で工夫し，何回か練習しよう。できれば鏡の前で，あるいは録画機材を使って声に出して練習するのがよいだろう。なぜかって？ もしこのプロセスを練習しなければ，必要なときにこれを思い出すことなんてできないからだ。たとえこの章を2回，3回と繰り返し読んだとしても，単に読むだけではこの方法を効果的に使いこなせる保証はない。
- 読者が次に乗り気でないクライエントに出会ったときには，実際にこのステップを踏むことで何が起こるかを試してみよう。

第**6**章

クライエントが軌道に
乗り続けられるよう助けよう

　もしセラピストがそのセッションをどう進めていくかというアジェンダをきちんと設定しなかったり，アジェンダを設定したにもかかわらずそれに沿わなかったりすると，それによってクライエントを行き詰まらせてしまうだろう。この章ではこの問題について扱っていこう。

継続に向けた方法をスタートする

　毎回のセッションのスタートが，もし「さて，一週間どうでしたか？」といったような質問で始められた場合，それ自体がいくつもの大きな課題を生み出すだろう。こういった漠然としていて焦点の定まらない質問でセッションを始めたとしても，場合によっては，たとえばクライエント自身がセラピーの目的をはっきり持っていたり，十分動機づけられていたり，セラピーの軌道に乗るのがうまかったり，安定した進歩を示したりしている場合には問題にならないかもしれない。ただ，クライエントが行き詰まっていたり，セラピーの目的をはっきりと持てていなかったり，動機づけられていなかったり，あるいは軌道に乗れないか乗りたくないままでいる場合，この質問によるセッションの開始は災難を招くことになる。軌道に乗れていないクライエントに対してそのような漠然とした質問をして得られるのは，せいぜい世間話や雑談くらいだ。こういった質問がクライエン

トの役に立つことはほとんどないし，貴重なセッションの時間を使い果たしてしまうことさえある。加えて，単に「その週の問題」だけを聞いてしまったり，クライエントの抱く困難，心配，後悔のすべてを単に蒸し返したり噴出させたりするだけに終わってしまう可能性がとても高まる。そして，一度セッションがその方向に向かってしまうと，再び軌道に戻すことは難しくなるのだ。

　そこで，行き詰まっているクライエントに対しては，より方向づけられた次のような質問でセッションを開始するのが望ましい。

- 「さて，あなたの価値に沿った人生について，どのようなことを実行しましたか？」
- 「マインドフルネスの練習はどのように進んでいますか？　脱フュージョン［アクセプタンス，センタリングなど］技法をやってみてどんな発見がありましたか？」
- 「どんなふうにワークシート［エクササイズ，アクションプランなど］に取り組みましたか？」

　もしクライエントが自身のゴールとする行動をやり遂げたなら，そうした新たな起こった行動を強化するべく，次のような追加の質問をするのがいいだろう。

- 「それはどういう感じでしたか？」
- 「それをしたことでどんな変化が生まれましたか？」
- 「他にはいつそれを実行しましたか？」
- 「あなたのパートナー［子ども，友達など］にどのような影響がありましたか？」
- 「どうすればそれをさらに実行できるでしょうか？」
- 「どのようにしてこれをあなたの人生の他の領域でも実践しましょう

第6章　クライエントが軌道に乗り続けられるよう助けよう　87

　か？」

　もしクライエントがゴールとする行動を実行できなかったのであれば，
思いやりと敬意を持ってこのように伝えることができる。「何かをすると
宣言しても，実際にそれをできないことは，本当によくあります。誰でも
経験がありますよね。僕自身も数え切れないほどそんな経験があります。
そこで，もしよければ，今日のセッションでは，いったい何がこのゴール
となる行動の実行を妨げていたのかを探って，次回はどのように取り組ん
だらよいかを話し合うところから始めたいのですが，いかがでしょう？」
　クライエントが同意すれば，次は，ゴールとする行動の実行を妨げる障
壁を明らかにしていく。そのときの簡単な方法のひとつが，「FEAR（恐
れ）」というキーワードをクライエントに紹介することだ。

- F = Fusion（フュージョン）
- E = Excessive goals（高すぎるゴール）
- A = Avoidance of discomfort（不快の回避）
- R = Remoteness from values（価値から遠く離れること）

　FEAR（恐れ）というキーワードの詳細な解説については，これへの対
抗手段である「DARE（勇気：Defusion〔脱フュージョン〕，Acceptance
〔アクセプタンス〕，Realistic goals〔現実的なゴール〕，Embracing values
〔価値を確かめる〕）」というキーワードと共に『よくわかる ACT』の
p.366 に掲載しているので参照してほしい。
　クライエントが自分自身の障壁について考えたくないという場合には，
この章の少しあとに解説するいくつかの方略を用いるといいだろう。ただ
し，まずはセラピストである僕たち自身を十分に検討することから始めよ
う。

ACT セラピストにおける新たな方略の実行を
妨げるものとは何か

　僕は，この本を通して，行き詰まりから抜け出すためのあらゆる方略を検討していくことを保証しよう。あとは，読者がそれを使うかどうかだ（これについては100%保証する。そうでなければあなたに返金することにしよう！）。では，少し時間をとって，僕たちセラピスト側が新たな方略を試そうとするとき，何がこれを妨げるのか検討しよう。読み進める前に次の質問について考えてみてほしい。

＊　＊　＊

　僕たちはいつだって自分の快適な空間から踏み出て，新たな方略を取り入れようとするとき，次のようなことを考えるだろう。「このクライエントはそれを嫌がるだろう」「私を無作法だと思うだろう」「私を気配りに欠けていると思うだろう」「不快感を抱くだろう」「怒りを感じるだろう」「私のことで不満を言うだろう」「同盟関係が崩れてしまうだろう」「私はこのトレーニングを受けたことがないし，私には馴染まない」「私はこのやり方を失敗するか，あるいは台無しにするだろう」「支配的になりすぎるのではないだろうか」。こうした考えはひたすら続いていく。また，僕たちは，不安，恐れ，不確かさ，気の進まなさ，心臓の高鳴り，汗ばんだ手，嫌な予感などといった感情や感覚を抱くだろう。

　もちろん，僕たちセラピストも世界中の他の人たちと同じように体験の回避をする。僕たちは，不快な思考と感情を好まないし，それらを避けること，あるいは取り除くことを望んでいる。では，避けたり取り除いたりするための，手っ取り早くて効果的な方法とは何だろう？

　そう，新たな方略を試す代わりに，いつものやり方をひたすら続けることだ。そうすれば，僕たちの不安は短期的にはおさまるだろう（それは当

然ながら大きな見返り，つまり強力な強化をもたらす結果事象となる）。でも一方で，長期的なコストを考えれば，この選択はクライエントを行き詰まったままにさせ，僕たちは新たなスキルを学ぶ機会を失い，堂々巡りからくる退屈やいらだちを覚えることになる。だからこそ，僕たちは，自分たち自身に「私のクライエントを助けるために，私は不快を積極的に味わうことができるだろうか？」と何度も尋ねる必要がある。

その答えが「ノー」ならば，僕たちには自分自身に対して何らかのすべきことがあるだろう。

その答えが「イエス」ならば，僕たちの次の課題は，自分たちの不快な思考と感情に対して脱フュージョンとアクセプタンスを用いて応じながら，思いやりと貢献という自分たちの価値に戻ることだ。そして，その価値に従って行為にコミットする。つまり，自分たちの快適な空間を踏み出て新たな方略に挑戦するのだ。

目的の定まらない，あるいは非生産的なセッションを認める

僕たちが次のようなセッションをすでに何度か繰り返しているとしよう。それは，進むべき方針について一度もクライエントから合意を得ることなく，ある問題からまた別の問題へとフラフラ歩くような目的の定まらない，あるいは非生産的なセッションだ。その場合，続く次のセッションでは，そのことをセラピストとして率直に認めることからスタートしよう。ここに2つの例をあげる。

- 「これから私たちが問題の核心に入る前に，私はあなたに謝っておかなければならないことがあります。私はここ最近の何回かの面接をずいぶんと目的の定まらない非生産的なものにしてしまいました。たとえば先週，私は話をあちらこちらに広げてしまいました。また，話し

合ったからといってどうしようもない問題について話すことに多くの
時間を費やしてしまっていました」

- 「ここ数回で，私たちは，かなり多くの時間を，実際にはどうにもで
きないようなあなたの心配［後悔，過去の苦痛な出来事など］につい
て話すことに費やしてしまいました。そのために，今この瞬間にある
より良い人生を送るという観点から，実際に取り組むべき具体的な行
動について話し合うことができていませんでした」

　もちろん，クライエントに伝えるにあたっては，読者自身の言葉を使っ
てほしい。鍵となる点は，思いやりを持つこと，価値判断を加えないこ
と，そしてオープンで正直であることだ。セッションの目的を定め，生産
的な面接を続けることはセラピスト側の責任であって，クライエント側の
責任ではない。そのため，僕たちがそうできなかったときには，それを認
め謝ることが理想的だ。これは誠実さと自分自身へのアクセプタンスのモ
デルをクライエントに示すことにもつながるし，クライエントがアジェン
ダの設定に関して，よりオープンになることにも役立つ。

アジェンダの設定に同意を得る

　アジェンダの設定に関してクライエントの協力を求める前に，第1ステ
ップとして，セッションをこれまでとは違った形で構造化したいこととそ
の理由をクライエントに説明し，クライエントの同意を得ることが必要
だ。

セラピスト：これから先のすべての面接がここ最近の何回かの面接での
　　ように進んでしまうと，あなたの人生の改善に役立たないのではな
　　いかと心配しています。もしよければ，面接をこれまでとは少し違
　　った形に変更するのはどうでしょう？

クライエントは，「はい，かまいません」，あるいは「どういうことですか？」のどちらかで答えることが多い。いずれの反応も次のステップへと移る合図であり，僕たちはアジェンダを設定することのメリットについて話し合うことになるだろう。

セラピスト：それぞれの面接の最初に私がしたいと思っていることは，アジェンダという面接で扱うテーマを設定するということです。それは，たとえばある1つの関心事，問題，ゴール，あるいは私たちが面接の中で焦点をあてている人生の重要な領域に関するようなことをその回の面接で扱うテーマとして設定するのです。もし途中でその他の関心事と問題が出てきた場合には，それらを書き留め，その後で取り組むことにするのです。

クライエントの抵抗を扱う

クライエントはさまざまな方法でこの提案に抵抗するかもしれない。いくつかの例を示そう。

- 「でも，私はこれまでたくさんの問題を抱えてきたので，何から始めてよいかわかりません」
- 「でも，とにかく私は，A，B，そしてCについてあなたに聞いてもらう必要があります（そして，クライエントによるA，B，Cについての必死で絶え間ない独白が長らく続く）」
- 「あの，いいですか。本当に私はただ話がしたいだけなんです」
- 「それが私の役に立つようには思えません」

先に読み進める前に，それぞれのクライエントの意見をよく眺めてみよ

う。そして，あなたがどのようにこれらに対し，ACT と一貫した態度で
振る舞えそうか考えてみよう。

＊　＊　＊

では，あなたがそれぞれのクライエントの意見に対して，ACT と一貫
したあなた自身の対応を考え出したら，次のプロトコルを読んでその他の
対応についてもみてみよう（ただし，今からそれぞれのケースで取り上げ
る台詞は，いくつもの可能性のほんの一例であることを覚えておいてほし
い）。

クライエント：でも，僕はたくさんの問題を抱えてきたので，何から始
　　めてよいかわかりません。

セラピスト：それは実際にとてもよくあることです。いくつか役立つツ
　　ールを用意してありますので，ご安心ください（*「価値の的ワーク*
　　シート」のコピーを取り出し，クライエントに見せる。注釈：この
　　ワークシートは，www.actmindfully.com.au からダウンロードできる
　　〔英語〕）。
　　　私たちはこれを価値の的と呼んでいます。ご覧の通り，ここでは
　　人生を４つの主な領域に分けています。それらは，重要な人間関
　　係，自分の成長と健康，余暇と楽しみ，および仕事と教育です。さ
　　て，あなたの人生にポジティブな変化を促すためにどんな活動がで
　　きそうか，今日は，これらの領域の１つに焦点をあてるとしたら，
　　あなたはどれを選びますか？

＊　＊　＊

クライエント：でも，とにかく僕は，Ａ，Ｂ，そしてＣについてあなた
　　に聞いてもらう必要があります（*そして，クライエントによるＡ，*
　　Ｂ，Ｃについての必死で絶え間ない独白が長らく続く）。

価値の的（Bull's-Eye）ワークシート

あなたの価値：あなたは，この惑星でどのような時間を過ごしたいでしょうか？　どんな人間でありたいでしょう？　自分のどんな部分を伸ばしていきたいでしょう？　それぞれの項目について，あなたが大切にしたいことを簡単に書き留めてください。

1. **仕事／教育**（職場，職業，教育，自分の能力開発など）
2. **人間関係**（パートナー，子ども，両親，親戚，友人，同僚など）
3. **自分の成長／健康**（宗教，スピリチュアリティ，創造性，ライフ・スキル，瞑想，ヨガ，自然との関わり，運動，栄養状態，健康を害する要素への対処など）
4. **余暇**（娯楽，リラックス，あるいは楽しい時の過ごし方；息抜き，レクリエーション，楽しみ，そして創作のための活動など）

価値の的：あなたの現在の位置を表すために，ダーツボードのそれぞれの区画に1つ×印をつけてください。

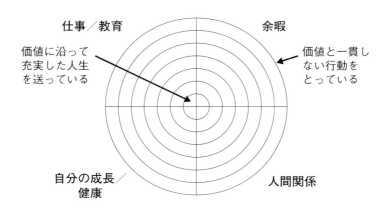

（原注）New Harbinger Publication（Oakland, CA）（www.newharbinger.com）の許可を得て，*Living Beyond Your Pain*（J. Dahl, T Lundren 共著）から引用した。

セラピスト：（*穏やかに，思いやりと敬意を持って，クライエントの話をさえぎる*）不躾に申し訳ないのですが，ちょっと口をはさんでもかまいませんか？　あなたが話す必要のあることを確かに私もお聞きしたいのですが，今日の面接をここ2回の面接と同じ運命をたどるような面接にはしたくないんです。私は面接をより生産的なものにしたいと心から望んでいます。今日の面接はあなたの人生のいくつかの領域にポジティブな変化をもたらすと期待されるので，そこから何かを持ち帰ってほしいと思っています。さもなくば，あなたの貴重なお時間を無駄にしてしまいそうなんです。ですから，まずアジェンダを設定したいのですが，いかがでしょうか？

クライエント：僕にとってのアジェンダは，かなりはっきりしていると思います。僕はAをし続けてきましたし，Bのせいで彼女とくだらない話になるし，そしてCは……（*クライエントは，再びA，B，Cについての必死で絶え間ない独白へと入り込む*）。

セラピスト：（*再び，穏やかに，思いやりと敬意を持って，クライエントの話を中断する*）。再び口をはさんで本当にすみません。私も不躾なことはしたくありませんし，先ほど申し上げたことと同じことになってしまいますが，あなたが話す必要のあるということを私も伺いたいと思っています。ただ，その前に，まずはこのセラピーに役立つ可能性の高そうなテーマに焦点をあててみませんか。そういったアジェンダを設定するのに役立ちそうなものがあるのですが，お見せしてもかまいませんか？（*上述のように価値の的ワークシートを紹介し，もう一度アジェンダを設定する理由を伝える*）

こうした事態になると，セラピストは通常大きな不安を感じる。とりわけ，僕たちがセラピストとしてトレーニングを受けてきたような多くのセラピーのモデルにおいては，上で述べたようなやり方は極めて失礼なものとみなされる。それは，ラポールを破壊する，あるいはクライエントに対

する敬意を欠くセラピストの行為だとみなされるだろう。でも，ここでは次のことを読者自身に尋ねてみてほしい。もしここでクライエントの問題行動をあなたがさえぎらなければ，あなたはクライエントの問題行動をただ強化してしまっているだけにはならないだろうか？　ただ話を聴き続けることは，セラピストとしてのあなたの価値に一致した行動と言えるのだろうか？　クライエントの問題行動を減らし，それに代わってクライエントの効果的で実行可能な行動を強化するためにこの面接を使いたいとは思わないだろうか？（第8章において，セッション内の問題行動のさえぎり方を詳細に取りあげる）。

*　*　*

クライエント：あの，いいですか。本当に僕はただ話がしたいだけなんです。

セラピスト：確かにそうですね。あなたが話されたいことを私も伺いたいです。ただ私たちの目的が，あなたがより良い人生を送るために何かをすることだとしたら，私たちはそれについて話をすることよりも，もっとすべきことがたくさんあるとは思いませんか。もし，面接のすべてを，あなたが話をして，それに私が耳を傾け，あなたにとってなにか心地よい返事をすることに使ってしまったら，この面接であなたの人生にポジティブな変化を起こすことはできそうにありません。そこで起こることは，誰かが話を聞いてくれたり優しくしてくれたりすることであなたが少しのあいだ心地よくなるだけのことです。何らかの変化をもたらすようなものではありません。私の言うことを必ずしも信じてもらう必要はありません。ただ，ここ数回の面接で何をしてきたのか思い返してください。あなたが最も困難を感じている領域の多くにとって，ここ数回の面接はあなたの人生の改善を促すのに意味のある，継続しうる方法だったでしょうか？

クライエント：いいえ。でも，僕はあなたに話をすることで気分が良くなりました。

セラピスト：そうですね。では，あなたが話すことができるということだけではなく，あなたの人生にポジティブな変化を生み出すこともできる場として，これからの面接を使っていくというのはいかがでしょうか？

クライエントが単に支持的なカウンセリングを望む場合には，セラピストには次の選択肢がある。つまり，ACT を中断して代わりに支持的なカウンセリングを提供するか，あるいは他のセラピストにクライエントを紹介するかのいずれかである。もし，クライエントが ACT を一緒に取り組むのであれば，セラピストは価値の的ワークシートに移ることができる。

*　*　*

クライエント：それが僕の役に立つようには思えません。

セラピスト：そうお考えになるのはごく自然なことです。たとえあなたのマインドがそれは時間の無駄遣いだと言ったとしても，まずはそれを試してみて，どのように作用するかを確認してみてもよいのではないでしょうか？（*価値の的ワークシートを実施する*）

価値の的をアジェンダの設定に用いる

すでにクライエントがアジェンダの設定に同意していれば，すぐにでも価値の的ワークシートを提示することができる（注釈：なにも価値の的ワークシートに限定する必要はない。僕自身も，価値の的ワークシートがシンプルなツールであるという理由で，行き詰まっているクライエントに好んで用いている。ただ，読者は自分で好む形の価値のワークシートを使用するのがいいだろう）。

セラピスト：*（クライエントにはっきりと見えるように価値の的ワークシートを手に持つ）* ご覧の通り，この的では人生が４つの主な領域に分かれています。今日の面接で焦点をあてるために，これらの四分円の１つ（４分割の円のうちの１つ）を選んでもらえないでしょうか？

クライエント：僕はどれにも関心がありません。

セラピスト：*（思いやりを持って話す）* 今のあなたの言葉から，あなたがこれまでにどれほど打ちのめされた人生を送ってこられたかについて，考えさせられます。何にも関心を持てなくなるほど，あなたはひどくさまよってこられたのですね。

クライエント：*（うなずく）* そんなところです。

セラピスト：もし私たちが一緒にチームとして取り組むことができるのであれば，私たちが目指すべきはあなたの人生の改善です。そして，それを始めるためには取りかかる領域を選ぶことが必要なのです。ですから，たとえ今いずれにも関心がなかったとしても，どれか１つを選んでみることができませんか？

クライエント：*（首を横に振る）* すみません。なにから始めればいいのかわからないんです。

セラピスト：わかっていなくともかまいません。四分円の１つをただ選ぶだけです。もしよろしければ，目を閉じて，そしてこの上に指を無造作に置いてください。あなたの指が置かれた場所がどこであっても，それに最も近い四分円の１つに取り組むことにしましょう。

クライエント：わかりました*（気乗りしない様子で）*。１つを選びます*（四分円のうち，人間関係を指し示す）*。

　人生の特定の領域に焦点をあてることについてクライエントが同意したなら，次に価値とゴールを明確化することからはじめよう。たとえば，次のような質問をすることができる。

- 「人生のこの領域において，あなたにとって本当に重要なことは何ですか？」
- 「人生のこの部分であなたが大切にしていることは何ですか？」
- 「もし，心の底から本当になりたい人になって振る舞うことができるとすれば，この人生の領域において，どのようにものを見て，どのように聞くでしょうか？　どのように他者に振る舞うでしょうか？　自分自身にはどうですか？　どのような資質と強みを持つ人になりますか？　どのようにしてその振る舞いを継続させますか？」
- 「あなたにとって，この領域ではどのような人が重要ですか？　そして，その対人関係でどのように振る舞いたいですか？」
- 「あなたの人生のこの部分では何がしたいでしょう？　あるいは何を達成したいですか？　あなたが達成したいと思ういくつかの具体的なゴールは何ですか？」

　クライエントがこれらの質問に答えられない，あるいは答えないといった場合，僕たちはそれがなぜなのかを検討する必要がある。それはクライエントが，役立たない思考とフュージョンしているからだろうか？　不快な気持ちを回避しようとしているからか？　あるいはその両方だろうか？　もしそうであれば，僕たちは脱フュージョン，アクセプタンス，あるいはその両方で応じることができる。または，何が自分自身の価値かわからない，価値の概念を理解できない，あるいはそれらを明確にすることの重要性がちっとも伝わっていないからだろうか？　もしそうならば，第7章で紹介する価値の明確化のワークへと移るのがいいだろう。
　クライエントが価値を同定できたなら，ゴール設定へと移る。その際の最もシンプルな方法は次のようにクライエントに尋ねることだ。「あなたの人生のこの領域において，あなたを価値の的のもう少しだけ中心へと移動させるためには，どのような行動が実行できるでしょう？　どんなに小

さなことでもかまいません」

　もちろん，活動するのを妨げているあらゆる障壁は，たいていフュージョンや回避の現れだ。そこで，トリフレックスの「今，ここに，いる」や「オープンになる」のプロセスをダンスしながら対応することができる。それから再びゴール設定に戻ってくるのがいいだろう。

　ここまで述べてきたことは，理論上よい方針といえるだろう。でも，それでもクライエントがセッションから脱線し続けるとき，僕たちはどう対処すべきだろうか？

オフトラック／オントラック・テクニック

　オフトラック／オントラック・テクニックは，セッション中，繰り返し脱線（オフトラック）するクライエントのための完璧な方略だ*。シンプルかつ強力であることに加えて，脱フュージョン，アクセプタンス，価値，「今，この瞬間」との接触，およびコミットされた行為のすべてのプロセスがこのテクニックに含まれている。ひとつ注意しておいてほしいことは，この技法は**思いやりと敬意とを持って実践されなければならない**ということだ。さもなければ，思わぬ恐ろしい事態を招いてしまうだろう。このテクニックは次の5つのステップで構成されている。

1. チームであることの同意を得る
2. マインドからの妨害を予測する
3. マインドの戦術に気づき，命名する
4. 面接をやめることの有効性のなさを確立する
5. 必要に応じ繰り返す

＊訳注：オントラック（on track）とはクライエントが自らの価値に沿った軌道に乗って前進できていること，反対に，オフトラック（off track）とはクライエントがその軌道から外れて進んでしまっていることを意味している。

ステップ1 チームであることの同意を得る

　ステップ1では，チームで取り組むことついてクライエントの同意を得る。そのためのアプローチをひとつ紹介しよう。

セラピスト：先に進む前に，ひとつ確認させてもらってもよろしいですか？

クライエント：はい，結構ですよ。

セラピスト：私が確認させていただきたいことは，あなたと私がチームを組んでいるということです。そして，このチームでは，同じ目的，つまりあなたがより良い人生を送る方向へ向かって一緒に取り組んでいきます。

クライエント：*（いくらか困惑を見せながら）* はい。

セラピスト：ありがとうございます。これは重要なことです。あなたに私のことを，あなたを振り回す，もしくは，あなたの行く手に立ち塞がる，あるいはあなたに命令してくる障壁としては見てほしくないのです。私たちが一緒に取り組むチームであるということはとても重要なことなんです。

　もしすでに価値に沿った具体的なゴールについて同意を得ているならば，この時点でチームであることに触れるのは良い機会だろう。その場合には，先ほどの言葉の最後を展開させて，「重要なのは，私たちがチームとなって，あなたがより上手に社会的な交流をもてるように ［あなたの不安をより効果的に扱うことで社会的場面に及ぼす影響や衝撃を減らすために，あなたの社会生活を拡大し改善するために，など］ 一緒に取り組んでいくことです」，と伝えることができるだろう。つまり，ステップ1とは，主にあなたとクライエントがチームであることにクライエントに同意してもらうためのものだ。さらに，具体的なゴールを設定することができれ

ば，ステップ1はより効果的なものになるだろう。

ステップ2　マインドからの妨害を予測する

次に，クライエントのマインドを，ゴール達成を妨害する原因と位置づけ，セラピストとクライエントがチームとして取り組むべき対象として枠づけを行おう。

セラピスト：もし違っていたらすみませんが，私が思うに，このセッションの間中ずっと，このゴールを達成するために真剣に取り掛かろうとするときに限って，あなたのマインドが私たちを場外（オフトラック）に引き寄せようとしたり，脱線させようとしたりしているようです。あなたが望むならですが，やっておきたいことがあります。あなたのマインドが私たちを脱線させようとして使うさまざまな戦術すべてをあらかじめはっきりさせておくんです。そして，その戦術が繰り出されたときには，私たちはそれをマークしておいて，脱線しないようにするわけです。かまいませんか？

ステップ3　マインドの戦術に気づき，命名する

次に，セラピストは大きな紙とペンを取り出す。

セラピスト：紙のこの部分に，私はあなたのマインドが私たちの取り組みを脱線させようとして用いる戦術を書き留めていこうと思います。私がはじめにいくつかの戦術を書き出します。あなたにも，なにか思い浮かんだら紙をお渡ししますので，続きを書いてもらいたいと思います。よろしいですか？

クライエント：わかりました。

セラピスト：はい。それでは，たった今，あなたのマインドはこのことについて何と言っていますか？

クライエント：うまくいかないだろう。

セラピスト：はい，それを書き留めましょう。「うまくいかないだろう」（*セラピストは声に出してそれを言いながら，「うまくいかないだろう」と書く*）。他には？

クライエント：こんなことくだらない。

セラピスト：はい，「こんなことくだらない」（*セラピストは声に出してそれを言いながら，「こんなことくだらない」と書く*）。

クライエント：これがどう私の役に立つのかわかりません。

セラピスト：はい，「これがどう私の役に立つのかわからない」（*セラピストは声に出してそれを言いながら，「これがどう私の役に立つのかわからない」と書く*）。他には？（「*これはおかしい*」「*過去にうまくいったことは何もない*」「*私はそれをできないだろう*」というように，5つか6つの脱線させる戦術を書いた後に，セラピストは紙とペンをクライエントに手渡す*）。

　もしよければ，あなたにしていただきたいことがあります。あなたのマインドが私たちを場外に引き寄せようとしてここにある戦術の1つを使うたびに，そこにあるリストを使ってチェックマークをつけていってほしいんです。それによって，何回そのマインドが出現するのかを知ることができます。いかがですか？　さらに，もしあなたのマインドが新しい戦術を考え出したら，それをリストに書き加えてほしいんです，どうでしょう？

クライエント：なるほど，それはできそうです。でも，私にはそれが何の役に立つのかわかりません。

セラピスト：わかりました。あなたはすでにリストのここの項目にある戦術に引っかかっているようです（*指をさす*）。「私にはそれが何の役に立つのかわからない」です。では，この項目にチェックマーク

をつけていただけますか？

クライエント：*（リストのその項目にチェックマークをつける）*

セラピスト：どれくらいすばやくこの項目が出てきたかに注目しましょう。たった今チェックマークをつけた項目は，きっと今回の面接内で少なくともあと3，4回出てくるだろうと思います。その他に現れた項目はありますか？

クライエント：ええ，こんなことくだらないです。

セラピスト：またありましたね？　そうしたら，こっちの項目にもチェックマークをつけてください。

クライエント：*（一覧にある該当する項目にチェックマークをつける）*

セラピスト：他にはどうですか？

クライエント：はい（*少し笑って，クライエントは一覧にある項目の，他の2つにチェックする*）。

セッションが続く中で，クライエントが選択したゴールからセッションを遠ざけるような発言をしたときには，それをセラピーから脱線させようとするマインドの戦術として取りあげ，チェックマークをつけて確認するように，あるいはそれが新たな戦術であった場合には書き留めるように促す。多くのクライエントのマインドは，こうした戦術を10から15種類は持っている。たとえば，さまざまな形でクライエントの期待を裏切っている人々について話す，あるいは過去のあらゆるつらい出来事を振り返るというように，クライエントがあるテーマについて多様な戦術に引っかかり続けるときは，それぞれの思考を書き留める代わりに，それらすべてを包括して「人々は私を裏切る」，もしくは「私の過去には，それはとても多くのつらいことがあった」といった見出しをつけることを提案してもよい。そうすることで，そのテーマにまつわる違った型の思考が出現するたびに，同じ見出しにチェックすることが可能となる。

ステップ4　面接をやめることの有効性のなさを確立する

　ステップ4は，面接をやめることの有効性のなさを確立するというものだけれど，必ずしもこれを行う必要性はない。それでも，ときにこのステップが必要になってくることがあるので，この方法についても例を紹介しておこう。

セラピスト：それでは，私たちが同意したゴールに立ち戻ってみましょう。

クライエント：それは意味がありません。役に立たないでしょう。

セラピスト：それはリストにある1つですか？

クライエント：はい（それをチェックする）。でも本当です！　本当に役に立たないでしょう！

セラピスト：えーと，それは確かにそうです。私は，これが役立つとあなたに確約できません。むしろ，もしあなたがこれまでにセラピーの効果を確約するような専門家のところに通っておられたのなら，私はあなたにそこへ戻らないようすすめるでしょう。なぜなら，その専門家はあなたにはったりをかましているか，あるいはあなたを騙そうとしているかのいずれかだからです。手術を受けるなら，世界で最も優れた外科医にかかりたいですよね。でも，その外科医はあなたに手術の成功を確約したりしないでしょう。むしろ，その外科医は，うまくいかない可能性があるということを含めた一通りを説明し，そのうえで同意書へのサインをあなたに求めてくるでしょう。私もあなたに，たくさんのACTの研究を紹介して，抑うつ，不安，嗜癖，統合失調症といった心の問題に対してACTがどれだけ効果があるかを説明することができます。でもそれは，ACTがあなたに必ずうまくいくことを保証するものではありません。一方で，私が**保証する**ものもあります。つまり，私は持っている技能と

知識を使ってあなたに役立つためにベストを尽くすことを保証します。また，もしあなたのマインドがうまくいかないだろうと言うからといって，あなたが面接を中断するようなことになった場合，そのときは私にはもうどうにもあなたの助けになれない，ということを保証します。さて，あなたのマインドが「これは役立たない」と言っているとして，あなたはどうされますか？　いっそ，マインドにそう言わせたまま先へと進み続けませんか？　それとも面接をやめますか？

クライエント：続けましょう。

セラピスト：いいでしょう！　それでは，「でも本当です」という言葉をあなたの用紙のちょうどそのあたり，「これはうまくいかない」の前のところに書き留めて，その項目に新たにチェックしていただけますか？　はい，そうです。それでは，ゴールに戻りましょう。

　一部のクライエントにとっては，軌道に乗り続けることはとても大きな不安を伴うという点に注意しよう。わかりきったことではあるけれど，なぜそういったクライエントにとって軌道から外れることが強化されてしまうかと言えば，それが目の前の問題を扱うことへの不安を回避するのに役立つからだ。そこで，僕たちは注意深くセッションのペースを調整する必要がある。もしセラピストがクライエントのペースを越えたペースでセッションを進めれば，それはクライエントに圧力をかけセラピストに従わせることになってしまうだろう。つまり，セラピーが罰*として作用してしまう可能性がある。そこで，仮にセラピストである読者が期待するよりもセラピーのペースが遅かったとしても，必要な限りゆっくりとペースを落としてセッションを進めることが大切だ。そして，思いやりと敬意を持って，クライエントに生じる不安と体験的な回避に常に対処することを必ず

＊訳注：本書（p.58）でいうところの「弱化的な結果事象」のこと。

106　第2部　クライエントを行き詰まりから解き放つ

行うようにしてほしい。

ステップ5　必要に応じ繰り返す

　ステップ1から4は，必要に応じて何度も繰り返すことができる。オフトラック／オントラック・テクニックの良さは，すでに述べたように，それを使うことによってクライエントが脱フュージョン，アクセプタンス，価値，「今，この瞬間」との接触，および，コミットされた行為を身につけることができることにある。たとえば，出現したマインドの戦術を5，6回チェックしているうちに，クライエントはそれらの思考からかなり脱フュージョンしてくるだろう。そして介入を続けるにつれて，クライエントは自身の思考だけではなく，自身の困惑，不安，失望，あるいはその他の不快感に対しても，アクセプタンス（あるいは，少なくとも，アクセプタンスの方向へと移行する耐性）を行うことができるようになっていくだろう。

　クライエントはまた，セラピストと繰り返し目の前の課題に焦点をあてることによって，「今，この瞬間」との接触に何度も戻ってくることができる。さらに，クライエントは，不快な感覚があったとしてもエクササイズを続け，同意をしたゴールに何度も何度も戻ってくる。これは，行為へのコミットといえる。そして，これらすべては究極的に価値への貢献だといえる。

　このように，このテクニックを使っていくことで僕たちは積極的な介入スタイルへと熱心になっていくだろう。たとえそうと言わなかったとしても，そうして僕たちが行うことは，それ自体でクライエントがこの5つのプロセスを学ぶためのものなのだ。そのため，セッションのすべての時間をこの介入に費やしたとしても（ときどきそうなるけれども），それ自体でとても有効な介入を行っているといえる。なぜなら，この5つのプロセスがクライエントの心理的柔軟性を促進するからだ。さらに付け加えるな

ら，この技法はセラピスト自身がACTの軌道に乗り続け，助けにならない思考から脱フュージョンするのにも役立つ。

この介入が長く続くと，クライエントはときに不満を言ってくるかもしれない。そうなった場合，それは心理教育のための有効な機会となるだろう。

クライエント：なんなんですか！　これをいつまでやり続けるつもりですか？　もう面接時間の半分が過ぎてますよ！

セラピスト：そうですね。そのことにあなたが気づいたということが嬉しいです。言うまでもないですが，私たちがもっと目的に焦点化し続けていれば，もっと早く先へと進むこともできたでしょう。でも実際，あなたのマインドは私たちを脱線させ続けています。これはごく自然なことでもあります。あらゆる人のマインドがそのように働きますし，私のマインドもよく同じことをします。そんなわけで，あなたのマインドがあなたをひっかけて軌道から引っ張り出そうとするときに使う戦術を明らかにし，マインドがどうやって私たちを操作するのかを学ぶことがとても重要だったんです。なぜかと言うと，私たちが自分たちの人生を良くしようと取り組むと必ずと言っていいほど，マインドは同じような戦術で私たちを引き止めようとしてくるからです。今回のような面接から脱出したいと思われるなら，あなたのマインドがどのようにあなたをひっかけるのか，どのようにしたら再び自分自身を解放できるのかを学ぶことがとても効果的なんです。では，アジェンダに戻ってみませんか？

ここで見てきたようなセッションで起こっていることが，実はマインドフルネス瞑想を実践しているときに起こることとそれほど違わないことに気づいてほしい。たとえば，マインドフルネス呼吸瞑想において，僕たちは自分たちの呼吸に注目する。そのとき，マインドはすぐに僕たちをひっ

かけて，その体験から引きずり出そうとしてくる。そこで，そのことに気づいたら，僕たちはマインドから距離をとり，再び呼吸に焦点をあてるのだ。ここで紹介してきたセラピストの台詞では，焦点の対象が呼吸ではなく，セッション内で決めたゴールになっていることがわかるだろう。クライエントのマインドがクライエントをひっかけ，軌道から引きずり出そうとするたびに，セラピストはクライエントがそこから解放され，再びゴールに焦点をあてられるように手助けする。また，このテクニックの存在は，ACTにおいて，瞑想を使わなくともマインドフルネス・スキルを伝えるための方法は他にいくつもあるということを如実に物語っている（ACTが瞑想をさせない，あるいはそれに反対するということではない。むしろ，ACTは，それをできない，あるいはしたくないという多くのクライエントがいるという事実に応えているのだ）。

さあ，実験だ！

　この章の内容を適用するための実践的な方法をいくつか見つけてみよう。たとえば，読者は自分自身の不安のためのスペースを作り，何か新しいことを試すこともできるだろう。

　価値の的ワークシートを用いてクライエントのためにアジェンダを設定しよう。

　もし読者が本章を適用するのにふさわしいクライエントを担当しているなら，オフトラック／オントラック・テクニックを試してみよう。

　もし読者が本気なら，3つすべてを試してみよう！

第7章

価値に潜む罠

　クライエントの価値の明確化を僕たちが支援するとき，僕たちセラピストには行き詰まりやすい3つの領域がある。それは，いつ価値を導入するか，どのように価値を導入するか，そしてクライエントの否定的な反応をどのように扱うか，というものだ。この章ではこれら3つに対してのアドバイスを紹介しよう。

いつ価値を導入するか

　僕はスーパービジョンを行っているとき，よくスーパーバイジーから「いつ価値の話をするべきですか？　まだ早すぎるでしょうか？」などと尋ねられる。こういった質問に対する明確な答えというものはない。ただ僕のやり方では，面接の初めの頃から，価値について徐々に尋ねていくスタイルをとっている。僕はこれをクライエントのこれまでのヒストリーを聞き取るといういつものやり方の一部だと捉えている。たとえば，僕は最初のセッションで，どのクライエントにも決まって次の2つの質問をする。1つは「これまでに，何か意義や目的，あるいは満足感のようなものを経験したことはありませんか？」というもので，もうひとつは「私たちがこの部屋で行う取り組みによって，あなたの人生における，誰かとのある大切な関係性に変化がもたらされるとしましょう。それはいったい誰とのどういった関係だと思いますか？　そして，私たちの取り組みの結果と

110　第2部　クライエントを行き詰まりから解き放つ

して，あなたはその関係において，どのようにして，これまでとは違った振る舞い方をするのでしょうか？」というものだ。

　もしクライエントが，こうした穏やかな聞き取りに対しても，強いフュージョンや，回避（例：答えることを拒む，話題を変えようとする，繰り返し「わかりません」と言う，不安やイライラ，または悲しそうにする）で反応するのであれば，系統だった価値のワークを導入するにはまだ早いかもしれない。僕ならまず，脱フュージョンやアクセプタンスに焦点をあてるようにするだろう。でも，もしクライエントが，これらの質問に答えるならば，そこで明らかになる価値を良き出発点として，価値をできる限り深いところまで探りに行くだろう。

どのように価値を導入するか

　とはいえ，一般的なルールとして，僕たちがセッションに価値を導入するときには，次のステップのいくつか，あるいはすべてを用いることになる。

1.　理論的な根拠を説明する：どうして価値が重要なのか？
2.　簡単な心理教育を行う：価値とは何か？
3.　体験的エクササイズを行う：価値と直接的につなぐ
4.　クライエントが自身の価値を言葉で表すことができるように支援する

ステップ1　理論的な根拠を説明する

　最初のステップでは，たいてい価値の明確化に関する理論的な根拠を説明する。以下は，なぜ価値が重要なのかを説明するひとつの方法だ。

　セラピスト：今日は，あなたの人生全体を見渡したときに，あなたにと

って「本当に大切なことが何なのかを明らかにすることに時間を使いたいのですが，いかがでしょうか？　たとえば，あなたがどのような人になりたいのかとか，人生がどんなものであってほしいかとか，周りの人とどのような関係性を築いていきたいのかとか，人生においてあなたのどのような強みや資質を伸ばしていきたい，あるいはもっと活かしていきたいのかといったことを聞かせてほしいのです。もっと言うと，私が今お伝えしていることは，私たちが一般に「価値」と呼んでいるものです。つまり，それは基本的にひとりの人間として，こんなふうに行動したいとあなたが心の底から求めている願いのことです。価値を明確にすることで，多くの人に大きな変化が現れます。ですから，私はこれに取り組むことをお勧めしたいわけです。価値を明確にすることは，私たちが有意義なゴールを設定するのに役立ち，私たちの抱える課題にうまく対処していく強さと勇気を与えてくれます。そして，私たちのやる気を高め，元気を与え，痛みやストレスに対処していくことにも役立ちます。最後にこれはとても大切なことですが，より豊かで満たされた人生を築いていくことにも役立つんです。

ステップ2　簡単な心理教育を行う

　次に，僕たちは主として「価値」と「ゴール」を区別するために，価値とは何かについての簡単な心理教育を行う。これについてはどのACTの入門テキストでも詳しく扱っているので，ここで改めてとりあげることはしないでおこう。

ステップ3　体験的エクササイズを行う

　体験的エクササイズを行う代わりに，ACTについて話をしてしまうこ

112 第2部　クライエントを行き詰まりから解き放つ

との罠を覚えているだろうか？　価値のワークの際にこの罠にはまってし
まうことは，特別な危険をはらんでいる。それは，セッションを価値との
深い体験的なつながりを持つ場にするのではなく，そのセッションを価値
についての知的な議論の場に変えてしまうというものだ。この罠を避ける
ために僕たちは，ペースを落としながら，クライエントを価値の明確化の
ための体験的エクササイズへと導いていく必要がある。このエクササイズ
についても，どのACTの入門書でもすでに詳しい解説がなされている。
このエクササイズについての包括的なリストについては，『よくわかる
ACT』（p.340〜341）を確認してほしい。

　そういったエクササイズをする際に，特に「近づく（toward moves）」
と「遠ざかる（away moves）」という発想を使いながら価値の的ワーク
シートを補足的に使うとたいていの場合役に立つ。次のやり取りでは，セ
ラピストは価値の的ワークシート（第6章に記載）を導入したところであ
る。

セラピスト：「近づく」というのは，あなたが行動を起こすことによっ
　　て，価値の的の中心に近づくことを意味します。それはたとえば，
　　あなたにとって有意義で，何か人生を充実させることや，あなたが
　　本当にありたい人物であるように行動していることを意味します。
　　「遠ざかる」というのは，あなたが起こす行動によって，あなたが
　　的の中心から離れていってしまうことを意味します。それは，あな
　　たにとって有意義でなく，人生を充実させることのないような何か
　　です。もしくは，遠ざかるということは，あなたが本当にそうあり
　　たい人物のようには行動していないことを意味します。
クライエント：なるほど。
セラピスト：つまり，あなたが近づいているときには，あなたがとても
　　大事なことをしているということですね。
クライエント：わかりました。

セラピスト：それでは，これを使って，今日この部屋の中で起こっていることに目を向けてみましょう。先ほどの数分間，私たちは，あなたが奥さんやお子さんとより良い関係を作っていきたいと願っていることについて話をしていました。さて，ここにある四分円のここについて（「関係性」を指さしながら），あなたは的の中心へと近づいていっていると言えるでしょうか？　それとも遠ざかっているでしょうか？

クライエント：近づいています。

セラピスト：私もそう思います。では，今日の面接の初め頃を思い出してください。あなたは，どれだけ奥さんがあなたをいらだたせているかについてのあらゆる思考にとらわれ，結婚生活におけるすべての問題を奥さんのせいにされていました。そのときはどうだったのでしょうか？　近づいていたでしょうか？　それとも遠ざかっていたでしょうか？

クライエント：間違いなく遠ざかっていましたね。

セラピスト：そうですね。では，私とこのようにやり取りをしている，今この瞬間は，どうでしょうか？　私には，あなたがとてもオープンで，信頼を寄せてくれていて，協力的であるように見えます。それに，私にしっかりと向き合ってくれています。では，私たちのやり取りと（関係性の四分円を指さしながら），私に対する今のあなたの振る舞い方について，的の中心にどのくらい近づいているかをこの的の上に指を置いて教えていただけますか？

クライエント：（驚きつつ，嬉しそうな様子で）実際，とても近いです。（的の中心の縁辺りに自分の指を置く）

セピラスト：わかりました。それでは，このようなこと，つまり何か大事なことをしているということに気づくために，少し時間をとりましょう。

クライエント：（一息ついて）わかりました。

このように，価値の的は，価値との一致を表すひとつの尺度として使うことができる。クライエントが人生のどの領域について話していたとしても，僕たちはクライエントが今いるところを的の上に示してもらうことができるのだ。次に，クライエントが価値とコミットされた行為に焦点を合わせていけるように，僕たちがどのように価値の的を使うことができるか，その他の例をいくつか示してみよう。

- 「もしあなたが何をするかということを，そうした感情に委ねてしまったとすれば，そのことは，あなたを的の中心に近づけていますか？それとも遠ざけていますか？」
- 「もしあなたがその思考に従ってしまうとしたら，そのことはあなたを的の中心に近づけていますか？　それとも遠ざけていますか？」
- 「そうすることは，近づく，遠ざかる，のどちらになりそうですか？」
- 「あなたが的の中心に少しでも近づいていくためにはどんなスモールステップがあるでしょうか？」

ステップ4　クライエントが自身の価値を言葉で表すことができるように支援する

多くのクライエントは自身の価値を言い表すための何らかの言葉を思いつくけれど，なかにはそれが難しいクライエントもいる。そうしたクライエントには，「40の一般的な価値ワークシート」（www.actmindfully.com. au から英語版が無料でダウンロードできる）が役に立つだろう。

40の一般的な価値ワークシート

　価値とは，あなたがひとりの人間としてどのように振る舞いたいか，というあなたが心の底から望むことをいいます。価値は，あなたが手に入れたい，成し遂げたい，達成したいと思うことではありません。そうではなくて，価値とは，今そして将来において，あなたが理想的にどのように振る舞いたいかや，あなたが自身も含めて互いに影響し合う誰かや，何かに関することなのです。

　次に示すのは，一般的によく見られる40の価値です。価値に正しいも間違いもないことに注意しておいてください。それはたとえばアイスクリームの好みのようなものです。あなたはチョコレート味が好きで，私はバニラ味が好きだったとしましょう。それでも私の好みが正しくて，あなたの好みが間違っているわけでも，その逆でもありません。私たちはただ違った好みを持っているというだけのことです。それと同じように，私たちは一人ひとり違った価値を持ちうるのです。

　次の価値の項目を読んで，それぞれの項目の隣に「3＝極めて大切」「2＝とても大切」「1＝あまり大切ではない」のいずれかの数字を記入しましょう。

____アクセプタンスと自分自身へのアクセプタンス：自分自身，他者，人生などを受け入れること

____冒険：今までにない経験や刺激的な経験を積極的に求め，創造し，探究すること

____アサーション：相手を尊重しながらも，自分の伝えるべきことをきちんと相手に伝えること

____信頼：忠実で，素直で，誠実であること，自分自身に対し偽りのないこと

____自分と相手へのいたわり：自分自身，他者，周囲などをいたわること

_____自分と相手への思いやり：苦しんでいる自分自身と相手に対して，思いやりを持って振る舞うこと

_____つながり：どんなことであれ自分がすることにしっかりと取り組み，相手と共に十分に**今この瞬間**にいること

_____貢献と寛大さ：貢献する，助ける，手伝う，与える，共有する，ポジティブな変化を生み出すこと

_____協力：他者と助け合い，協力的であること

_____勇気：恐怖，脅威，困難に直面しても前進し続けるというように，勇敢であり，挑戦し続けること

_____創造性：創造的あるいは革新的であること

_____好奇心：探究し，発見するというように，好奇心が強く，偏見がなく，関心を持つこと

_____励まし：自分自身や相手との関係において，自分が価値を置いている行動を促し，それに報いること

_____興奮：ワクワクしたり，刺激的だったりする活動を探し求め，創り出し，それに取り組むこと

_____公平と正義：自分自身や相手に対して公平であり，正しくあること

_____健康：自身の身体的健康と精神的健康に気を配るというように，健康状態を維持あるいは向上させること

_____柔軟性：変化する環境にすばやく順応すること

_____自由と主体性：自分がどのように生き，行動するかを選択することや，相手が同じようにそうすることを支えること

_____友好的であること：相手に対して友好的で，思いやりがあり，感じ良くあること

_____自分と相手への寛容さ：自分自身や相手に対して寛容であること

_____楽しみとユーモア：楽しみに溢れた活動を求め，創り出し，取り組むというように，楽しもうとすること

_____感謝：自分自身，相手，そして人生に感謝し，ありがたく思うこと

＿＿＿誠実：自分自身と相手に対して誠実であり，正直であり，偽りがないこと

＿＿＿勤勉：勤勉で，よく働き，献身的であること

＿＿＿親密：情緒的あるいは身体的に心を開き，自己開示し，自分自身を相手に伝えること

＿＿＿親切であること：自分自身や相手に対して，親切で，思いやりを持ち，面倒見がよく，気遣うこと

＿＿＿愛すること：自分自身や相手に対して，愛情を込めて，あるいは親しみを込めて振る舞うこと

＿＿＿マインドフルネス：自身の今この瞬間での体験に気づき，心を開き，興味を持つこと

＿＿＿秩序：秩序があり，整理されていること

＿＿＿粘り強さと献身：問題や困難に直面しても，断固として続けること

＿＿＿自分と相手への敬意：自分自身と相手を丁寧に，思いやりを持って，敬意を持って扱うこと

＿＿＿責任：自身の行為に責任を持ち，自身の行為を説明できること

＿＿＿安全と保護：自分自身の安全や他者の安全を確保し，保護し，守ること

＿＿＿官能（センシュアリティ）と快さ：官能的な体験を生み出し，探り，快く楽しむこと

＿＿＿セクシャリティ：自身の性的志向性を探る，あるいは表現すること

＿＿＿熟練：継続的に自身のスキルを訓練し，向上させ，十分に打ち込むこと

＿＿＿協力：自分自身や相手を支え，助けになり，勇気を与え，応対できること

＿＿＿信頼：誠意があり，誠実で，正直で，頼りになるというように，信頼できる自分であること

＿＿＿その他：＿＿＿＿＿＿＿＿＿＿＿＿＿＿＿＿＿＿＿＿＿＿＿＿＿＿＿＿＿

＿＿＿その他：＿＿＿＿＿＿＿＿＿＿＿＿＿＿＿＿＿＿＿＿＿＿＿＿＿＿＿＿＿

拙著 *The Confidence Gap: From Fear to Freedom*（Penguin Group〔Australia〕, Camberwell より 2010 年に出版）から引用。

もちろん，この「40の一般的な価値ワークシート」はステップ3の前にも使うことができる。ときには，ステップ3の代わりにこのワークシートを使うこともできるだろう。たとえば，あまりにもクライエントの体験の回避が強かったり，価値と切り離されすぎていたり，もしくは，クライエントが体験的エクササイズに抵抗するか，それに苦しんだりしそうな状況がうかがわれるか，あるいはそうではないかと思われる場合，このワークシートを代わりに使うという選択肢もあるだろう。

このワークシートと同じような目的を果たす，各種の「価値カード」を使うことも可能だ。基本的にはクライエントに一枚一枚の価値カードを「極めて大切」「とても大切」「それほど大切ではない」という山に分類してもらう（www.acceptandchange.com/materialsかwww.actforadolescents.com にアクセスすれば，印刷し，ラミネートして使える無料の価値カードを手に入れることができる。高品質な印刷されたカードを購入したい場合は，www.lifecompasscards.com にアクセスしてもらいたい〔英語〕）。

価値のワークを行うとき，クライエントはよく「良い母親になりたい」「良い友人になりたい」「お手本となるような人になりたい」と口にすることがある。僕はこれらを「足掛かりになる答え」と呼んでいる。その意味は，このような答えによって僕たちは価値に近づくことができるけれど，価値にまでたどりつくことはできないからだ。

価値を具体的にしていくために，僕たちはそれらの答えをさらに探っていく必要がある。そのために役に立つ質問としては，「それでは，もしあなたが良い母親［良い友人など］という称号を得たいのだとしたら，あなたの子ども［友人など］に対してどのように振る舞うでしょうか？」「あなたの子ども［友人など］と一緒にいるときに，どのようなあなた自身の資質を活かしたいと思いますか？」「彼らに対してどのように対応するでしょうか？」などが挙げられるだろう。

クライエントがこのような質問に困惑するようなら，僕が「テレビイン

タビュー」と呼んでいるテクニックを使って，さらに探っていくことができる。

> **セラピスト**：たとえば，今から10年後，全国ネットで放送予定のあなたのお子さんに対するインタビューを私が行ったとします。私はインタビューとして，お子さんに，「お母さんのいいところは何ですか？　普段，お母さんは，どんなふうにあなたに接してくれていますか？　あなたが人生の中で困難にぶつかっているとき，お母さんは何をしてくれるでしょうか？　あなたのお母さんの人柄を表すような言葉を，4つか5つ選ぶとしたら，どのような言葉が挙げられるでしょうか？」というようなことを尋ねるとします。たった今，魔法が起こって夢が叶うとしたら，お子さんからどのような答えがもらいたいでしょうか？

　この例での質問の内容をうまく修正すれば，テレビインタビューのテクニックは，友人，職場の仲間，その他の人との関係にも応用できる。ただし，「もし魔法が起きて，夢が叶ったとしたら」という部分については，少々大げさに言うことがいつも大切だ。そうすることによって，「そんなことできるわけがない」というようなフュージョンを弱めることができるからだ。そして最終的に，「それでは，あなたの心の奥底で，あなたがそうありたいと願っているような人物について，それはあなたに何を伝えているでしょうか？」と尋ねることができるだろう。

　このとき，クライエントによっては「私にとって本当の価値というものがあるとして，私はどうやってそれを知ることができるのでしょう？」と質問してくることもある。そこで役に立つ返答は，たとえば次のようなものだ。

　セラピスト：ことわざにもあるように「プディングの味は食べてみなけ

ればわからない（論より証拠）」なのです。いくらプディングについて考えたり話したりしても，実際に味わってみないと，プディングがおいしいかどうかはわかりません。あなたの価値についても同じことが言えます。私たちは，それらがあなたの「本当の」価値か，そうでないかについて何時間でも議論できますが，それでもやはり，その問いに答えを出すことはできません。その答えを知る唯一の方法は，そうした議論から抜け出し，価値に沿って行動を実際に起こして，何が起こるかを確認してみることです。それらが実際にあなたに意義や目的意識，活力，あるいは自分自身に対して誠実である感覚を与えてくれるかどうかをぜひ確かめてみてください。

　一旦うまく価値を明確化することができれば，ゴール設定に移ることができる。価値の的はこの課題にとても適していて，僕たちは「的の中心に少しでも近づくために，あなたが取り組めるスモールステップには，どのようなものがあるでしょうか？」とシンプルに尋ねることができる。しかし，クライエントにこの点を理解してもらうことがとても難しい場合もあるので，次に，妨げになるものについても注目してみよう。

クライエントが行き詰まりやすいポイント

　僕たちが価値を探求しようとするとき，多くのクライエントは行き詰まる。つまり，フュージョンや回避で身動きが取れなくなってしまうのだ。このようなことが起きたときには，トリフレックスを思い出し，「今，ここに，いる」や「オープンになる」の方でダンスしてみよう。つまり，センタリング・エクササイズや，脱フュージョン，アクセプタンスを用いて，フュージョンと回避に取り組み，「大切だと思うことをする」にダンスをして戻るのだ（これは，第6章にあるオフトラック／オントラック・テクニックである）。

「私は〜に価値を置いている」という罠

クライエントによって書かれた文章に「私は〜に価値を置いている」という言葉が含まれているから，というだけでは，それが価値を言い表しているとは言い切れない。たとえば，次のような文章は，価値を言い表しているとはいえない：「私はお金に価値を置いている」「私は優れた仕事をしていることに価値を置いている」「私は幸せに価値を置いている」「私は関係性に価値を置いている」「私は成功することに価値を置いている」「私は痩せていることに価値を置いている」「私は有名であることに価値を置いている」「私は自分の子どもに価値を置いている」「私は愛されることに価値を置いている」

これらの文章は，その人がどのように行動したいか（価値）を記述していないという意味で，価値を言い表しているとはいえないのだ。むしろ，これらの文章は，その人が得たい，持ちたい，達成したい，実現したい，他から手に入れたいもの（つまり，ゴール）を表している。

基本的に，その文章が，ある人が得ようとしていること（あるいは，持つ，集める，実現する，ためる，所有する，成し遂げようとしていること）を表しているのであれば，たとえ「私は〜に価値を置いている」という言葉が含まれていたとしても，それは価値ではなく，ゴールを言い表している。さらに，その文章が気持ちに焦点をあてているとすれば（たとえば「私は幸せになりたい」や「私は自信を持ちたい」），これは，その人が望んでいる特定の感情状態なので「感情のゴール」を表している。しかし，このような具体例のすべてに加えて，僕たちは次のような質問を使いながら価値に取りかかることもできるだろう。

セラピスト：もし私が魔法の杖を振ることができて，これらすべてのゴールが叶い，あなたが愛されている［受け入れられている，尊敬されている，有名である，痩せている，裕福である，幸せである，自

信がある，賢い，成功している，美しい，魅力があるなど］のだと
したら，今までとどのように違ったふうに振る舞いたいですか？
あなた自身［あなたの身体，友達，家族や，環境，地球など］をど
のように扱いたいでしょうか？

さらに，「テレビインタビュー」のテクニックも取り入れることができ
る。

セラピスト：それではマイケル，この魔法が起こってから5年後，あな
たのすべてのゴールが達成されていると仮定しましょう。私たちは
あなたの親友や親戚にテレビのインタビューをして，「この魔法が
起こってから5年間，マイケルはひとりの人間としてどのようであ
ったでしょうか？　彼はどのような人柄でしたか？　彼の最大の強
みと資質は何でしたか？　あなたの人生において，彼はどのような
役割を担っていましたか？　彼はあなたに対して，どのように接し
ていましたか？」と尋ねるとします。もし夢が叶って，魔法が起こ
るとしたら，そのインタビューで，親友や親戚からどのような答え
を聞きたいでしょうか？

「すべき・ねばならぬ」という罠

「〜すべき」「〜ねばならぬ」「〜する義務がある」「〜する必要がある」
という言葉が入っている文章は，どれも価値ではなく，柔軟性に欠けるル
ール（つまり，命令や義務）だといえる。クライエントがこのような言葉
にとらわれている場合，僕たちはそうした言葉を，心を閉じた状態，ある
いは，罪悪感や恥，完璧主義，パフォーマンス不安，重苦しさ，義務感と
のもがきとして捉える。こうしたことが起こったときには，「あなたは，
まるで両肩にずっしりとおもりを乗せているかのように，その言葉にずっ

しりと悩まされているように見えます。今あなたのマインドがあなたに何と言っているのか教えてもらえませんか？」と言うこともできるだろう。

　ほとんどの場合，彼らの答えからは，「～すべき」「～ねばならぬ」「～する必要がある」「良い／悪い」という言葉だらけの，柔軟性のないルールや命令が明らかになってくるだろう。そのような思考からの脱フュージョンを促進するために，僕たちは次のように言うことができる。たとえば，「あなたのマインドが，たった今，どのようにしてそれを価値から命令へと変えたのかに注目してください」「あなたのマインドが，どのようにしてあなたに『～すべきだ』と言っているかに気づいてください」「それでは，あなたのマインドが，それを完璧に行う必要があると言っているのですね？　ただ，あなたのマインドが何かを言っているからといって，あなたがそれに従う必要があるということにはなりませんよ」などだ。

　そして，次のように尋ねることで，クライエントが自身の価値と再度つながることを促すことができるだろう。「『私にとってそれが大事だから，**私は進んでこれをします**』と言うときの言い方と，『私はこれを**しなくてはなりません**』と言うときの言い方の意味の違いに気づけるでしょうか？」

破壊的ルールと信念

　僕はスーパーバイジーからよく「もし私のクライエントが，反社会的な価値や破壊的な価値を持っていたらどうしたらいいでしょうか？」と尋ねられる。この質問に対しては常に，それらは破滅的なルールや信念であって，価値ではないと回答している。これは極めて重要な区別で，具体例を用いることで最もうまく説明することができる。

　もうすぐ18歳になるスパイクは，高校生活最後の年がちょうど始まったころ，他の生徒や教師に対し身体的・言語的に暴力を振るうといった問題を起こしていた。彼は「誰にもなめられてたまるか」「誰も俺にあれこれ指図できない」「俺にたてつくやつがいたら，そいつを懲らしめてや

る」「俺を見下してくるやつらは，痛い目にあって当然だ」，「俺がろくでもない野郎に我慢する必要なんてないはずだ」といったことをよく口にしていた。これらの発言は彼にとっての価値なのだろうか？　そんなわけはない！　これらはすべてルール（「もしXが起これば，私はYをする」）や信念（たとえば，「私は自分がやりたいようにできるはずだ」）なのだ。

　スパイクの暴力の主なきっかけになっているのは，彼が不公平に，あるいは，不当だったり，無礼に扱われたと認識するような状況だった。僕がセラピストとしてこのことに気づくまでに，それほど多くの質問は必要なかった。そして，僕たちはすぐに3つの重要な価値を特定した。それらは，公平，正当，そして敬意である。

　その後，僕たちはこれらの価値に基づいて彼が行動するうえでの有効な方法（長期的にみて，彼の人生がより良いものになりそうな行為）と，有効ではない方法（大きな見返りはあるが，長期的にはかなりの代償も伴うような行為）について話し合った。

　スパイクは，自分の暴力によって多くの見返りを得ていることはわかりきっていた（不愉快な状況からの逃避，不快な気持ちからの回避，自分自身を守ることで良い気分になること，他者からたくさんの注目を得ること）。しかし，こうしたやり取りの中で，彼は，友人を失うこと，社会からの孤立，孤独感，両親との衝突，先生との衝突，成績の悪化，退学の恐れなど，かなりの代償にも接することになった。つまり，彼は，自分の行動が有効ではないことに気がついたのだ。その結果，彼は，実は自分自身が「俺を見下すやつらは，痛い目にあって当然だ」といった信念を強く持つことによって，解決するどころか問題を悪化させていることに気づくことができた。

　彼の価値（公平，正当，敬意）に沿って振る舞う，より有効な方法を明らかにするために，スパイクはコミュニケーションやアサーション，問題解決に関するスキルを学ぶ必要があった。さらに，彼は前述したような役に立たない信念とルールから脱フュージョンする必要があり，怒り，いら

だち，失望といった感情のためのスペースを作るために，アクセプタンス
のスキルを学ぶ必要があった。こうしたスキル・トレーニングには1年以
上かかったけれど，スパイクは着実にこれらのスキルを身につけ，次第に
有効な選択ができるようになり，公平，正当，敬意といった彼の価値に対
してマインドフルに振る舞うことができるようになっていったのだ。結果
的に，彼の暴力行為は劇的に軽減した。スパイクの行動は，破壊的な価値
や反社会的な価値のために生じていたのではなく，役に立たないルールと
信念とのフュージョンが原因で生じていたのだ。

　この問題に関する別のよく用いられる例として，「復讐」を価値として
見なしているクライエントを思い浮かべてみてほしい。僕たちは，次のよ
うにして，すぐさまこれをリフレームすることができるだろう。「それで
は，ここにあるあなたの価値は正義ですね。そして，あなたのマインドは
その価値に沿って振る舞う最も良い方法が，復讐することだと言っている
と。確かにそれは，正義を支持するひとつの方法かもしれません。しか
し，それが最も有効な方法なのでしょうか？　あなたがその道を進むとし
たら，あなたにとって，どのような代償が伴うでしょうか？」

　ACTでは常に，自他を傷つけるような破壊的行動は本来の価値を反映
したものではない，という前提からスタートする。もっと正確に言えば，
それは体験の回避とフュージョンを反映していると考える。つまり，暴力
的，犯罪的，反社会的，破壊的な行為というのは，価値に沿ってマインド
フルに振る舞う人によってコミットされるものではないのだ。そうではな
くて，強いフュージョンと回避の状態で，衝動的に，あるいは「マインド
レスに」振る舞う人によってコミットされると仮定している。

　これはとてもプラグマティックな前提だ。結局のところ，クライエント
の破壊的な行動は彼が心の底から支持したいことを表している，というよ
うな正反対の前提から始めたとしたら，どのようなことが生じるだろう
か？　僕たちは彼とどのような関係を築くことができるのだろうか？（ヒ
ント：読者が「彼を夕焼けのように称賛する」ことは難しくなるだろう）

126　第2部　クライエントを行き詰まりから解き放つ

　そのため，自分や他者を傷つけるような行動をするクライエントに出会ったときには，次の重要な質問を僕たち自身に問いかけてみよう。

- このクライエントは，どのような信念あるいはルールとのフュージョンを起こしているのだろうか？（「〜すべき」に特に気をつけること）
- このクライエントは，どのような感情に苦しんでいるのだろうか？
- フュージョンと回避の下を探ると，どのような価値を見つけ出すことができるだろうか？

　次はここであげる最後の例だ。最も大事な価値が「権力」であるクライエントを思い浮かべてみてほしい。僕たちは，このクライエントに次のようなことについて話をすることができる。力があるということは基本的に他者への影響力を持っていることを意味するけれど，そのとき，長期的に見て，自分の人生を向上できるような有効な方法もあれば，逆に，自分の人生を悪化させるような有効でない方法（たとえば，関係性を壊す，警察の厄介になる）もあるということだ。

　そして，僕たちは，クライエントが有効性（見返り vs. 代償）という観点から，彼が自身の今の行動を観察できるよう支援することができる。そのうえで，彼に対して，他者に影響を与えるより有効な方法を学びたいかどうかを尋ねることができる。

　でももし，彼がその申し出を断ったとしたら，つまり，彼が人を脅し，嘘をつき，操作し，怖がらせ，いじめ続けたいと思っていたら，どうだろう？　そのような場合には，僕たち自身の倫理的態度を穏やかに彼に示そう。たとえば，次のように話すことができるだろう。「申し訳ないのですが，仮にあなたがこの行動に関する道を追求できるように支援するとしたら，根本的に『なによりまず，危害を加えない』という僕自身の倫理的な態度を妥協することになります。僕は，あなた自身や他の誰かを傷つけるかもしれないと思うことを，あなたがしてしまうのを手助けしたくはない

んです。でも，あなたの力になりたいと思っていることは，他にたくさん
あります」。もし僕たちが，クライエントに効果的に働きかけることができ
なかったり，そうすることであなた自身の倫理を損なうことになったり
するのであれば，やるべきことは別の実践家にクライエントをリファーす
ることだ。

完璧主義の罠

　なかには自分の価値は完璧さであるとか，物事を完璧にこなすことだと
言うクライエントもいる。このような場合には，僕たちは「どんなことを
完璧にしたいのですか？」と尋ねる。

　おそらくクライエントは，「私は完璧な母親でありたいんです」といっ
た調子で，完璧な教師，完璧なテニス選手，完璧なパートナー，完璧な友
人，完璧な小説家，などになりたいと答えるだろう。これらは，そうした
クライエントにおける完璧主義の下に隠れた価値を探っていくための足場
を僕たちに与えてくれる。

　セラピスト：それでは，完璧な母親の本質とは何なのでしょうか？

　クライエント：そうですね，決してミスをしないとか，物事を台無しに
　　　しない母親です。

　セラピスト：確かにそうかもしれませんね。でも，それは私がお尋ねし
　　　ていることではありません。私は，その完璧な母親が人としてどん
　　　なふうであるかを尋ねているのです。たとえば，彼女は愛情深く，
　　　優しくて，思いやりがある人でしょうか？

　クライエント：もちろんそうです。

　セラピスト：他に，彼女はどのような特性の持ち主なんでしょうか？

　クライエント：そうですね，公平な人です。

　セラピスト：いいですね。他にありますか？

クライエント：彼女は一緒にいて楽しい人です。

セラピスト：素晴らしい！

クライエント：それに彼女は必要なときには，ぐらつかないでいることができます。

セラピスト：しっかりと芯を持った人ということですか？

クライエント：そうです。

セラピスト：わかりました。そうすると，あなたが母親として取り入れたい特性とは，愛情深く，優しく，思いやりがあって，公平で，楽しいことが好きで，しっかりと芯を持った人のようですね。

クライエント：はい。

セラピスト：わかりました。そうすると，あらゆる物事を完璧にこなすことなどできないということですよね。そんなことはまったく不可能です。きっと，映画や小説の中の登場人物なら可能かもしれませんが，実在する人間にはすべてを完璧にすることはできません。でも，それらを完璧にこなすことができなくても，あなたの能力の限りで，すべての価値に沿って生きることはできます。

　このようなクライエントには，セラピーを進める中で，完璧主義的な考えからの脱フュージョンを頻繁に取り入れることが必要になるだろう。僕たちは，何度も何度も，完璧でいようとすることと，その人の最善を尽くすこととの区別を再考する必要があるだろう。僕たちはみな誰しも何度も失敗する運命にある，という現実にクライエントが向き合えるように，僕たちは支援していく必要がある。そして，実際に僕たちが失敗したときには，セルフ・コンパッションの練習に取り組む必要がある（第14章を参照）。

複数の価値同士の葛藤

　複数の価値同士の葛藤が本当に起こるようなことはとてもまれだ。人々が価値同士の葛藤だと言っていることは，ほとんどの場合，時間配分に関する葛藤や柔軟性のないルールとの間で生じている葛藤だからだ。たとえば，家族に重点を置くことと，キャリアに重点を置くことの間で葛藤するクライエントについて思い浮かべてみてほしい。ここでの問題は，価値ではなく，時間に関することだ。基本的には，「自分の家族に重点を置くことにどのくらいの時間を割いて，自分のキャリアを積むことにどのくらいの時間を割くのか？」というところに行き着くだろう。

　こうした葛藤を調整するための第一歩は，クライエントが，家族という領域における自身の価値は何なのか，そして仕事という領域における自身の価値は何なのかをはっきりさせられるようにすることだ。そして，こうしたクライエントにとっての価値の多くは，実は，両方の領域において共通していることを認識できるように支援する。たとえば，職場でも家庭でも，彼女はオープンで，受容的で，積極的に関わり，親しみやすく，柔軟で，頼りになり，誠実で，責任感を持ち，支えになれる，優しい人でありたいと思っているかもしれない。ただし，その一方で，親密さ，官能性，楽しむことについては，職場ではなく家庭において当てはまるだろう。

　重要なことは，クライエントが仕事に対して，週に1時間，10時間，あるいは70時間を費やしていようがいまいが，仕事に対する彼女の価値は変わらないということである。同じように，クライエントが家族に対して，週に1時間，10時間，70時間を費やしていようがいまいが，家族に対する彼女の価値は変わらない。葛藤は価値にあるのではなくて，クライエントが自分の時間をどのように配分するかという点にあるのだ（第13章では，こういったジレンマを抱えるクライエントへの支援方法について扱う）。

　他の例として，自分たちの子どもに関して，愛すること，思いやりを持

つこと，支えることという基本的に同じ価値を持つ夫婦について考えてみよう。同じような価値を持ってはいても，妻の方は子どもたちと充実した時間を過ごすために，夫には早めに帰宅してほしいと思っている。一方，夫の方は，子どもたちが私立学校に行けるように，そして海外で夢のような休日が過ごせるように，できるだけ多く稼ごうと遅くまで働きたいと思っている。

　ここでの葛藤は価値についてのものではない。彼らの価値は同じだ（愛すること，思いやりを持つこと，支えること）。ここでの葛藤はルールのレベルで起こっている。2人とも根底にある価値が同じでも，行動するうえでの「正しい」と思うルールにそれぞれ柔軟性がないだけなのだ。

　このような夫婦にとっての役立つ出発点は，価値とルールの違いについて，こちらがまず説明することだ。次に，彼らが自身の価値を明確にできるよう支援したうえで，実は彼らの価値はほとんど同じだということに気づけるよう支援する。そして，双方に共通の感覚を築くことができたら，彼らに自身の持つそれぞれのルールにこだわりすぎることがどのような代償を払うことになるかを評価してもらう。そして最後に，お互いが豊かでより深い関係を築くために，どこまでお互いのルールを曲げようと思えるかをよく考えてもらうのだ（夫婦関係におけるこのような葛藤をどのように扱うかについて，詳しくは，拙著であるセルフ・ヘルプブック，*ACT with Love* を見てほしい）。

　もうひとつ例を紹介しよう。一見すると，セラピストの価値とクライエントの価値との間に葛藤があるかのような状況だ。こうした場合も同じように，それはたいてい，価値ではなく，ルール，信念，あるいはゴールのレベル間での葛藤だ。一般的に，クライエントはセラピストが反対する，あるいは賛成しないようなものであっても，だからといってそうした自らのゴールを追い求め続けたり，そうした自らの信念を手放そうとしたりはしない。たとえば，あるクライエントは，不倫をしたい，非合法な活動に参加したい，人種差別的な考えや性差別的な考えを支持したいと思ってい

第 7 章　価値に潜む罠　131

るかもしれない。そういった場合，僕たちがこのクライエントと協働しよ
うと思えるのか，そしてそれが可能なのかをよく考える必要がある。さら
に，僕たちは，効果的に協働することができるように，自分自身が持つ信
念から十分に脱フュージョンすることができるのか，自分自身が抱く不快
感のために十分なスペースを作ることができるのかを，僕たち自身に問う
必要があるのだ。そのクライエントと効果的に協働することができない，
あるいは協働することが自身の倫理規範を損なうことになるのなら，誰か
他の人にそのクライエントをリファーするべきだ。

「わかりません」モンスター

　多くのクライエントは，価値に関して質問すると，「わかりません」と
答える。それに応じて，セラピストは，「なに！　このクライエントは全
然わかってないな。どうしたらいいんだ??」という思考とすぐさまフュ
ージョンする。このようなときにまず僕たちがするべきことは，役に立た
ないマインドのおしゃべりから自分自身を離して，自身の不安のためのス
ペースを作り，クライエントと共に現在に十分に留まることだ。同時に，
その「わかりません」という発言の機能を探ることが必要だ。「この行動
の機能は何だろうか？」と僕たちは自身に問いかけるのだ。言い換える
と，「わかりません」と発言することでどのような目的がかなうのだろう
か？　何を得ることを目的としているのだろうか？　といった具合だ。
　そうした発言は，実際には，セラピストからの情報提供を求めることが
目的なのかもしれない。実際，価値とは，クライエントが純粋に何を話し
たらいいのかわからなくなるほど，クライエントにとっては異質な概念な
のかもしれない。もしそうなら，上述したステップ 1，2，3 を使って，い
くつか価値の例を簡単に示してから，体験的エクササイズを取り上げてみ
てほしい。体験的エクササイズがうまくいかなかったり，クライエントが
抵抗を示したりする場合には，40 の一般的な価値ワークシートを使うこ

ともできる（これは，「私は価値を持っていません」と言うクライエントに対しても役に立つ）。

でも場合によっては，「わかりません」という発言は，回避行動である可能性もある。価値に関する質問は，しばしば，不安，混乱，罪悪感といった嫌な気分を引き起こす。これらは，「わかりません」と発する行動のきっかけ，または先行刺激かもしれない。では，この行動の見返り，または強化的結果とは何なのだろうか？　それは，クライエントがこの質問から回避できることであり，それによって嫌な気持ちを取り除くことができるかもしれない。

「わかりません」という発言の機能が回避であると捉えたのであれば，さまざまな方法でそれに対処することができる。たとえば，もしステップ1（価値を探るための理論的な根拠を説明する）またはステップ2（価値とは何かを説明する）を実施していないのであれば，ここで，そのステップを実施することもできる。

もしこれらのステップをすでに終えていたとしたら，僕たちはこのワークの理論的な根拠について再確認し，クライエントには「私の質問に対する答えは，あなたにはわからないということですね。この質問に対する答えを見つけ出せるように，私と一緒にあるエクササイズを行うことはできそうですか？」と言うことができるだろう。そして，僕たちはステップ3へと移ることができるのだ。

また，僕たちは，クライエント自身がこの発言の機能に注目できるよう支援することもできる。

　セラピスト：私の誤解かもしれませんが，こんなことが起きているように思います。しばしば，こういった価値に関することについて人に尋ねると，彼らは不安に感じたり，混乱したり，あるいはその両方を感じることがあります。思い出してください，マインドは問題解決マシーンなんです。つまり，マインドが望まない何かに直面した

ときにはいつでも，それらを回避しようとしたり，取り除こうとしたりします。ですから，誰かがあなたにこういった難しい質問をして，あなたが不愉快な気持ちになっているということが問題であるならば，マインドの解決策は多くの場合，「わかりません」と言うことなんです。そして，「わかりません」と言うことによって会話が終わるとしたら，この不快感はすぐに消えて，つまりは問題が解決されたということになりますよね？　でも，これにはマイナス面もあります。もし私たちがその時点で会話を終わらせたとしたら，私たちは二度と価値を明確にすることはできませんし，先ほどお伝えしたようなメリットのすべてを得ることはできなくなってしまいます。

　このとき，セラピストにはいくつかの選択があって，1つは第6章にもあげたオフトラック／オントラック・テクニックを実施することだ。また，下記に，その他に考えられる選択肢をあげておこう。

- 「一緒に私の仮説を確認してみてもらってもよろしいでしょうか？私がお話ししたように，私が間違っているのかもしれません。それでも確認してみましょう。もう一度，あなたに同じ質問をしますが，そのときには何も答えないでください。少なくとも30秒は黙っておいて，そこでどのような思考や感情が現れてくるかに気づいてください」（ここで，セラピストは，クライエントにどのような感情が生じたとしても，脱フュージョンやアクセプタンスを行うことができる）
- 「私の仮説は，あなたに当てはまっていそうでしょうか？（クライエントは『はい』と言う）それでは，あなたの最初の答えが『わかりません』であるにもかかわらず，もう少し長めにこのトピックを続けていくとしたら，それでも大丈夫でしょうか？　もう一度質問してもよろしいですか？　そして，この時間は，あなたに1，2分の間は話さ

ずに，質問とともに座ってもらい，どのような思考が現れたかをただ見てもらいたいのです。同じように，最初の思考が『わかりません』になりそうでも，ただその思考とともにとどまり，そのあとにまた新しい別の思考が出てこないかどうか見ていてください」

- 「この仮説はあなたに当てはまっていそうでしょうか？（クライエントは『はい』と言う）それでは，あなたの反応はとても正常です。なぜなら，価値のワークは，多くの人にとって，とても不快なものだからです」（ここでセラピストは次に示した方略のいくつか，またはすべてに移ることができる）

- 「あなたの今の気持ちを教えていただけますか？　その気持ちは，あなたの身体のどこにありますか？」（ここで，セラピストは，感情に対してのマインドフルネスやセルフ・コンパッションへと移る）

- 「あなたのマインドは今何と言っていますか？」（ここで，セラピストは，脱フュージョンへと移る）

- 「このことがあなたの人生に大きな変化をもたらすとしたら，たとえ不快であっても，それを続けようと思いますか？」（ここで，セラピストは，たとえば第1章にもあった歯医者のメタファーのような，価値づけられた生き方のために不快感を受け入れることに関してのメタファーを使う）

「どうでもいい」モンスター

　クライエントが「何もかもどうでもいいです」「大事なことなんてありません」，あるいは「こんなの時間の無駄です」などと言う場合，これらの発言はたいてい，「わかりません」と言うことと同じ機能を持っている。つまり，難しい会話と，それに伴う不快な気持ちを避ける，という機能だ。そこで，僕たちは，まずはクライエント自身がその行動の機能に注目できるよう支援したうえで，上述した選択肢へと移るという具合に，前

節と同じような方法で対応することができる。

> ❖　　　　　　　**さあ，実験だ！**　　　　　　❖
>
> 　価値を導入するうえでの4ステップを読者自身で繰り返してみよう。
> 　セッションの中で，少なくとも1人のクライエントと一緒に，そのプロセスをおさらいしよう。
> 　価値を導入する際のプロセスに関して，自然にすらすらと言葉にできるようになるまで練習しよう。
> 　読者が体験的エクササイズを避けて，単に会話を通して価値に行き着こうとしているのであれば，もう何をするべきかわかっているだろう。そう，ACT-tive（アクティブ）になることだ！

郵便はがき

168-8790

（受取人）
東京都杉並区
上高井戸1—2—5

星和書店
愛読者カード係行

料金受取人払郵便

杉並南局承認

2638

差出有効期間
2022年11月
30日まで

切手をお貼りになる
（必要はございません）

ご住所（ a.ご勤務先　b.ご自宅 ）
〒

(フリガナ)

お名前　　　　　　　　　　　　　　（　　　）歳

電話　　　　　（　　　　　）

★お買い上げいただいた本のタイトル

★本書についてのご意見・ご感想（質問はお控えください）

★今後どのような出版物を期待されますか

ご専門

所属学会

〈e-mail 〉

星和書店メールマガジンを
(http://www.seiwa-pb.co.jp/magazine/)
配信してもよろしいでしょうか　　　　　（ a. 良い　　b. 良くない ）

図書目録をお送りしても
よろしいでしょうか　　　　　（ a. 良い　　b. 良くない ）

第**8**章

礼儀正しいさえぎり

　あなたはこれまで，話が止められない，あるいは止めたがらないクライ
エントと出会ったことがあるだろうか？　また，これまでに，クライエン
トの話をさえぎることができないがために，良い聞き役にならざるをえな
かったことがあるだろうか？　そうしたセッションはどのようなものだっ
ただろうか？　退屈だったか？　イライラした感じだったか？　あるい
は，憤慨したか？

　この章では，セッション中に生じる問題となる行動に注目していきた
い。つまり，どのようにクライエントの話に割って入り，代わりとなる有
効な行動を強化していくかということだ。ここでは，話が止まらないクラ
イエントの例から考えていくこととしよう。というのも，かなり多くのセ
ラピストが大きなテーマだと感じているからである。そして，さらにここ
では，どのような問題行動にも適用できる一般的な原理へと話を広げてい
くこととしよう。

話が止まらないクライエント

　話が止まらないクライエントは，さまざまな形で僕たちのところにやっ
て来る。あるクライエントは，非常に不安が強くて，自分の心配事につい
て話すのに必死かもしれない。その様子はまるで，とても早口で話し続け
なければどうにかなってしまうかのようだ。また他のクライエントは，細

部に至るまであまりにも詳細に話す気難しい語り手として現れるかもしれない。別のクライエントでは，極度の抑うつ的反すうにより「分析麻痺（analysis paralysis）＊」の泥沼にはまっていたり，いかに周囲の人間が悪いかについて絶え間なく訴え続けたりするかもしれない。あるいは，単に，毎回のセッションで過去の話を何度でも繰り返し，話し続けたいだけのクライエントもいるだろう。

　こうしたクライエントたちは，僕たちにとって大きな挑戦だ。僕たちは，実践家として，クライエントに敬意を示し，思いやりのある姿勢でありたいと思う。それでも，もし僕たちが，セッション中，クライエントがただただ話し続けることを許し，それをひたすら聴くしかできないというのであれば，すでに述べたように僕たちはクライエントの有効でない行動を強化してしまっているおそれがある。

　だからこそ，僕たちはクライエントの有効でない行動を，彼らに敬意を示し，思いやりを持ってさえぎる方法を見つけ出す必要があるのだ。第6章では，こうした課題について，アジェンダの設定に同意を得ることやオフトラック／オントラック・テクニックを使って対処する方法について触れた。でも，そうしたアプローチでは十分でない場合もある。ときにはクライエントが話している最中であっても，僕たちはそれをさえぎらざるを得ない場合もあるのだ。そうした場合の一般的なルールとして，僕たちは相手に敬意を示し，思いやりのある態度で，次のようなステップを踏む。

1. 話をさえぎることは失礼なことであると認識する
2. 話をさえぎったことに対して謝る
3. なぜ話をさえぎる必要があるのかについて，論理的な根拠を説明する

＊訳注：ものごとに取りかかるにあたって，いつまでたっても何も始められなくなるほどに考えすぎて（分析しすぎて）いる状態。

例として，次のようなケースについて考えてみよう。全般不安症に苦しんでいるクライエントの場合，あまりにも多くの心配事があふれ出し，一度に5分から10分，ときにはそれ以上の間，とめどなく早口で話すような傾向がある。最初のセッションで，セラピストは，うまく会話に割り込もうとしたものの，実際にはうまくいかなかった。次のやり取りは，2回目のセッション中に，20分間に亘って行われたものだ。この段階に至るまでに，クライエントは，自分の心配事について休みなく話し続けていて，セラピストはかろうじて一言，発することができるぐらいだった。

注意：次のやり取りを読んでいくとき，あくまでもACTセラピストは，クライエントに敬意を示し，思いやりのある姿勢で対応すべきであることを心に留めておいてほしい。そういった重要な姿勢は，文字に起こすと簡単に埋没してしまうからだ。もしも次に示すようなやり取りが，攻撃的で，価値判断的に，イライラした態度で，あるいは，よそよそしく，軽蔑するように，冷たく，気にも留めないような態度で行われた場合，それらはすべて恐ろしく悪い事態を招くことになるだろう。さらに，これらのアプローチは最後の手段であることも心に留めておいてほしい。つまり，これは本当にとっておきの大技を出すということなのだ。

クライエント：（*極めて速いスピードで，とても不安な様子で，話の流れの中で間髪を入れずに話をしている*）……それで，延々と次から次へと起こるんです。一息つく暇もない。誰も私に休息をくれない。一度だけ，一日だけでも休めたら，たったほんの少しの平穏と静けさがあれば，とても素敵なんでしょうけど。何もしてこなかったわけじゃないんです。実際，色々試してきました。本当にたくさん。それで，私，自分にどこか悪いところがあると思っているんです。私の脳にどこか悪いところがあるって。この前，こんな記事を読んだんですが――

セラピスト：（*「待った」を意味するように，手をあげて，手のひらを開*

く。そして，*穏やかに優しく柔らかいトーンの声で話をする*）サラ，少しだけ話に割り込んでもよろしいでしょうか。一緒に共有しておきたいことがあるので。

クライエント：（*間髪を入れずに再び早いスピードで話し出す*）はい，えぇ，わかりました，でも，私の頭に鮮明に残っている間に，これだけは言わせてください。そう言うのも，ときどき，本当に話したいことがあるのに，それを忘れてしまうことがあるんです――

セラピスト：（*再び手をあげ，手のひらを広げて，穏やかで優しい声で話す*）お願いです，サラ。話をさえぎってしまって失礼だと思うし，こうしなければいけないことを本当に申し訳なく思っています。ただ，あなたと一緒に共有しておきたいことがあるんです。

クライエント：（*再び間髪を入れずに早いスピードで話し出す*）えぇ，はい，でも，わかっています，あなたが何を言いたいのか。あなたは，私にどこか悪いところがある，そうおっしゃりたいんですよね。初めからずっと私が言っていたように，だからその，私が言っていたように，私の主治医の先生にも話をしたんですが，私の脳にはどこか悪いところがあるみたいなんです。だから私は今この本を読んでいるところなんです，これです。見てください――

セラピスト：（*再び手をあげ，手のひらを広げて，穏やかで優しい声で話す*）サラ，お願いです。本当に失礼だと思うし，申し訳ないと思っていますが，一旦，話を止めてほしいんです。――私が話をする側で，あなたには話を聞く側に順番を替わってもらいたいんです。数分の間だけお願いできませんか。あなたが話さずにいられないことについてもお聞きしたいのですが，その前に私からもお話ししておきたいことがあります。とても大事なことなのでこうしてお願いしています。もし今，そのことについて話をさせていただけなければ，私たちはすべての面接を無駄にしてしまうと思いますので。

クライエント：（*心配した口ぶりで*）どういう意味ですか，面接を無駄

にする？

セラピスト：すぐに何を言いたいのか説明するので，数分だけもらってもいいですか？

クライエント：えぇ，結構です，もちろん。少し驚いてしまって，だって，どの面接も何も無駄にしたくないですから。いやその，高いお金を払ってきているので。それにほら，これまでにたくさんのカウンセラーにも会ってきたし，これはお話ししたかわかりませんが，これまでに本当に色々な──

セラピスト：*（再び手をあげ，手のひらを広げて，穏やかで優しい声で話す）* サラ，お願いです。話をさせてほしいとお願いするのはこれで４回目です。私は少し無力感を抱き始めています。ほんの数分話すのを止めて私に話をさせてもらえないでしょうか？

クライエント：わかりました，わかりました *（不満な様子を訴えるように，座っている椅子の位置を直し，姿勢や表情を変える）* 。

セラピスト：ありがとうございます。こうしてもらうことが，あなたにとって心地が悪いことはわかっています。こうしていただいていることに本当に感謝します。こんなふうに，あなたの話をさえぎることについて私が恐れていたのは，あなたの気分を害したり，いらだたせたりしてしまうのではないかと思ったからです。けれども，私があなたの話をさえぎらないことによって起こるだろうことへの恐怖の方が，私にとってはもっと大きかったんです。私たちが今まで続けてきたような面接を続けていくと，私たちは面接の中で何も達成できず，長い目でみたときに，あなたの人生に何の変化も起こせなくなると思っています。ですから，あなたが私に話をさせてくれたことを本当にありがたく思っています。

　もちろん，これはかなり極端な例で，たいていのクライエントなら４回も頼まなくても１，２回で十分だろう。先の４回目の段階で，セラピスト

は「話をさせてほしいとお願いするのはこれで4回目です。私は少し無力感を抱き始めています」と言っているが，これは意図的な方略だ。このような率直な自己開示はクライエントにとって有益なフィードバックになるのだけれど，このことについては次で議論していきたい。

　ほとんどのセラピストは，このような介入を行うときに多くの不安を経験する。僕たちは，クライエントに対して，間違っていることを示したり，動揺させたり，遠ざけたり，気分を害したりすることを恐れている。当然，そうした不安を回避する簡単な方法は，良い聴き役に徹することだ。だからこそ，僕たちセラピストは自分自身に対し，「私は自分の価値に沿って行動するうえで，不快感のためのスペースを進んで空けているだろうか？」と定期的に問いかけ続ける必要がある。読者が懸念するように，実際，ここで紹介したような介入を行うことは，クライエントを動揺させたり，クライエントの気分を害するリスクがある。でもそれ以上に大きなリスクとは，クライエントが有効でない行動を続けることをセラピストが許してしまうことで，そうした行動を強化し続けてしまうことだ。僕たちは，クライエントが古い有効でない行動パターンを中断し，より有効な新たなパターンを発展させることができるよう，環境を整えていく必要があるのだ。

有効でない行動を徐々に減らすための6つのステップ

　クライエントの有効でない行動には，たとえば，絶えまない心配や反すうから，長時間に亘る他者への批判，さらには，セラピストへの批判やあざけりといったものまで，さまざまなものがある。そうした，いずれの有効でない行動に対しても，それを徐々に減らしていくための6つのステップというものがある。僕たちはそれら6つのステップのいくつか，もしくはすべてを利用することができるし，多くの介入において，そのいくつかを同時に組み合わせることができる。

1. その行動をむしろチャンスとみなす
2. 敬意を示しながらその行動をさえぎる
3. その行動を価値判断なしに記述する
4. その行動の意図を明確化する
5. その行動の有効性を検討する
6. 代わりとなるより有効な行動を強化する

ステップ1　その行動をむしろチャンスとみなす

　第3章で述べてきた通り，ACTでは柔軟であることが重要だ。ここでの柔軟であることの一側面は，僕たちがあらかじめ設定したアジェンダを進んで手放すことを意味している。問題となるクライエントの行動が，面接室の中で，僕たちのまさに目の前で生じているのであれば，当初セッションのために計画していたことを一旦，脇に置いておこう。そして，代わりに，その問題となっている目の前の行動の方を介入のターゲットとして注目しよう。セラピストの多くは，問題となるセッション内の行動が，実は，有意義なセラピーのための最適な素材であることに気づけていない。たいていの場合，多くのセラピストは，そうした行動をセラピーにおいて「本当にやるべき仕事」をするうえでの障害物として捉える傾向がある。僕たちは，そうした捉え方を積極的に見直す必要があるだろう。つまり，そうした行動は，ほとんどの場合，認知的フュージョンか回避，もしくはその両者によって増幅されていることを認識しておく必要がある。その意味で，そういったクライエントの行動が起こったことは，僕たちがACTについて話すのではなく，「今，ここ」で実際にACTを実践するための絶好の機会を提供してくれている。そして，もうひとつ覚えておくべきは，面接室内で起こるクライエントの効果的でない行動は，クライエントの普段の生活でも起こることが多いということだ。

ステップ2　敬意を示しながらその行動をさえぎる

ひとたび，僕たちが，そうしたクライエントの行動をセラピーの障害物としてではなくチャンスとして捉えるだけの心理的なスペースを広げることができたなら，僕たちの次のステップは，その行動をさえぎることだ。そのための方法はたくさんあるけれど，そのいくつかを紹介しておこう。

- 「少しの間，話をさえぎらせてもらってもよろしいでしょうか？」
- 「少しの間，待ったをかけさせてもらってもよろしいでしょうか？」
- 「あの，この部屋で起こっているあることに気づいたので，話させてください」
- 「一旦，ここで止めてもらってもいいですか？　今，とても重要なことが起こっていて，それについて一緒に検討する必要があると思っています」

クライエントをさえぎることは，僕たち自身の認知的フュージョンや回避によって，僕たちがためらいがちになるステップだ。そこで，次の例のようにACTモデルを使うことで，この状況をむしろ効果的なセラピーのための好機とすることができるだろう。

セラピスト：私は今この部屋の中で起こっていることに気づいています──それは少しやっかいな問題です。そして，私はそのことをあなたと共有したいと思っています。私があなたに話すことについて，あなたが動揺したり，怒ったりしないだろうかと私のマインドが語りかけているんです。そして，私はそのことにとても不安を感じています。胃がむかついてきて，心臓もバクバクしています。本当はそのことについて言わずに，我慢したり，静かにしていたい気持ちにかられていることも認めなければなりません。けれども，今この

部屋で私が目指していることは，誰かがより良い人生を送ることを手助けすることです。ですから，私が今気づいていることを言わずに，ただ座っていれば，セラピストとしての価値に誠実ではいられなくなるでしょう。そして私はあなたに支援を提供することもできなくなってしまうでしょう。そこで，私はとても不安に感じていますが，黙っておきなさいと私のマインドが叫んでいても，自分が気づいていることについてこうして話をしたいと思ったわけです。

このやり取りのなかでセラピストがどのようにして ACT の 6 つのコアプロセスのうちの 5 つ（脱フュージョン，アクセプタンス，価値，コミットされた行為，「今，この瞬間」との接触）のモデルをクライエントに示しているかに注目しよう。そして，セラピストはクライエントの注意を確実にこちら側に引きつけることになる！

最も効果的に，敬意を示しながらクライエントをさえぎらせてもらううえで，次の点も意識するようにしよう。

- 許可を求める
- 間違うことをいとわない
- 根拠を示す
- さえぎりの合図を決めておく

許可を求める　僕たちがクライエントの話をさえぎることについて許可を求めるとき，それは相手を尊重していることを伝えていることになる（それ以外の場面でも，新しいエクササイズを紹介したり，クライエントにとって困難な課題をもう少し長く続けることについて許可を取ることもあるだろう。たとえば，「今ここでちょっとしたエクササイズをやってみてもよいでしょうか？　しなければならないわけではありませんよ。ただ，役に立つと思うので，ちょっと提案しているだけです」や「しばらく

146　第2部　クライエントを行き詰まりから解き放つ

このエクササイズを続けても大丈夫ですか？　もちろん強制じゃありません。いつでも中止できます。ただ，もう少しの間続けていれば，このエクササイズからさらに多くのことを得ることができると思うのです。でもどうするかは完全にあなた次第ですよ」)。

　間違うことをいとわない　心から，謙虚に間違うことをいとわない気持ちは，非常に重要だ。僕たちの理論や観察，予測が，ねらい通りの場合もあれば，まったくの的外れである場合もあるだろう。とりわけ，クライエントの行動の機能について，仮説を立てたり，エクササイズが役立つだろうと提案するうえでは，「このことについて，間違っているかもしれませんが」というフレーズを使うことは，しばしば役に立つ。

　根拠を示す　介入のための良い根拠を示すことは，しばしば，クライエントのウィリングネスを促進させる。それは同時に，敬意を伝えることにもなる。ときには，そうした根拠は，かなり曖昧なものになるかもしれない。「あなたに役立つと思うのですが」や「あなたにとって有益なことを習得してもらえると思います」といったように。またあるときには，次に示すやり取りのように，根拠がかなり具体的で詳細な場合もある。

　さえぎりの合図を決めておく　とりわけ話を止められないようなクライエントと接する際には，さえぎることに対して継続的に了解を得て，そうするための合図をクライエントの同意の上で決めておくことが役立つ。

　次に示すのは，これら4つの要素を組み合わせた場合の例だ。

セラピスト：間違っているかもしれませんが，あなたのマインドがあなたに対して何か言うとき，あなたはそれをただ言わ**なければならな**いかのように私には見えます。それはまるで，その通りにする以

外，選択の余地がないかのようです。つまり，あなたはマインドが
あなたに指示したいかなることも，その通りにしなければならない
かのようなのです。私たちが一緒になって，あなたが何をするか，
についてのコントロールをいくらかでも取り戻せるように協力し合
えたら，とても役立つと思います。現状では，あなたの思考や気持
ちが，ほとんどの場合，あなたの行為をコントロールしていて，そ
のことはあなたにとって，それほど良いように働いていないのは明
らかです。あなたが心の底から本当にやりたいことができるため
に，あなたが自分の行為をよりコントロールできるようになる手助
けをしたいと思っています。いかがでしょうか？（クライエントは
同意する）

　いいですね。それでは，あなたのマインドが優勢になっていた
り，あなたを支配していたら，あなたのお話をさえぎってもよいで
すか？　私はこのように手をあげますから（*手のひらを広げて手を
あげながら*），私がこうしたときは，5秒間，話を止めてほしいと
いうことです。そして，あなたのマインドが何をしているかに注目
して，自分の身体の中でどのような気持ちを感じているかに注目し
てみてください。よろしいですか？　少し奇妙に感じるかもしれま
せんが，それは，自分自身の行動に対するコントロールを取り戻す
うえで，シンプルで，けれども効き目の高い最初のステップです。
そのように私がしていても，あなたは話し続けたいという強い衝動
をまだ感じると思いますが，その衝動に従って行動しなくてもよい
ということを学べるでしょう。

ステップ3　その行動を価値判断なしに記述する

　次のステップでは，穏やかに優しく敬意を示して，気がついた行動を記
述する。そして，それを価値判断しない思いやりのあるやり方で行う（そ

れをうまく行うためには，いらだちや不安など僕たちが持つであろう不快な気持ちに心を開き，そのためのスペースを空けておく必要がある。また，クライエントや彼らの行動に対して僕たちが持つであろう価値判断からも脱フュージョンしておく必要がある）。次にいくつかの例を示そう。

- 「私は，あなたが休みなく非常に早く話す傾向があることに気づきました。そして，私が何か言おうとするとき，あなたはほとんどの場合，それを聞くために話をやめようとはされません。もしくは，あなたが話を止めることがあるとすれば，あなたが私に話し始める前の数秒以上は，私に譲りたくないかのように見えます」
- 「私たちがXについて話題にしたとき，あなたはいつも話の方向を変え，まったく違う話題にもっていくことに気づきました」
- 「あなたが，AやB，Cについて，再び話をし始めたことに気づきました。そして，私はなぜあなたがそのようにするのだろうかと少し戸惑っています——というのも，あなたがお気づきかはわかりませんが，これまでの数セッションの中で少なくとも4回は，かなり詳細にそのことについて話をしているからです」

僕たちはまた，次に示すような形で，このステップをいくつかの軽い脱フュージョンと組み合わせることもできるだろう。「私があなたに，今までと違ったことができそうかを尋ねると，きまってあなたは，すぐさま周囲の人間を責め始めることに気づきました。その様子はまるで，他人がした悪いことリストを，あなたのマインドがすぐさま取り出すかのようです」

ステップ4　その行動の意図を明確化する

次のステップは，行動の目的や意図を探ることだ（つまり，その機能を

見つけることだ）。それは一般に，次のような質問を用いて行われる。「あなたがそうすることによって何を成し遂げたいと思っているか伺ってもよろしいですか？」「その行動はどのようなことに役立つのか，しばらくの間，考えてみていただけないでしょうか？」「そうすることの結果として，どのようなことが生じると期待しているのですか？」「あなたがそのようにしているとき，どのような結果を得ようとしているのでしょうか？私に理解してほしいことや私から得たい反応などが，何かあるのでしょうか？」

　なかにはセラピストからのこうした質問に困惑するクライエントもいる。彼らは，「わかりません，ただそうしているだけなので」や「そうしてしまっていることにすら，気づいていませんでした」などと言うかもしれない。このようなとき，僕たちにはいくつかの選択肢がある。クライエントが自身の問題になっている行動について理解するのを助けることができるように，それについて講義的に説明するか，もしくはメタファーを使って説明するかだ。あるいは，僕たちは，第4章で説明したように，その行動に関する段階的な機能分析を通して，クライエントを導くこともできるかもしれない。次に示す最初の2つの例では，セラピストはクライエントに講義的に説明をすることを選択している。3つ目の例では，セラピストは，マインドを問題解決マシーンとして，メタファーを使って説明することを選択している。

セラピスト：そうですね，間違っているかもしれませんが，私の意見ではこうです。私があなたにその質問をするとき，不快な気持ちがわいてきたのではないかと思います。そして，あなたのマインドがあなたを助けに来て，あなたがその質問に答えなくて済むように話を違う方向へと持っていった。そうすると，不快な気持ちはどこかへ行くのでしょう。

クライエント：*(考え込んだ様子で)* うーん。

セラピスト：もちろん，もしかすると私が間違っているのかもしれません。実際に試してみてもよいでしょうか？　もしよろしければ，私は再度，あなたにいくつかの質問をします。しかし，今度は少なくとも20秒の間は，何も言葉を発さないでください。その代わり，どのような思考や気持ちがあなたの中に現れているかに注目してみましょう。

* 　 * 　 *

セラピスト：私はこれがゆるぎない真実だと言っているわけではありません。けれども，これが今起こっていることなのです。つまり，あなたが自分の問題をすべて話すのに忙しくしている間，あなたは少なくとも2つの大きい利点を得ることができています。1つ目は，あなたがご自分の身体で感じている不快な気持ちから気をそらすのに役立つでしょう。2つ目には，あなたは自分の問題を解決するのに非常に熱心に取り組んでおり，そのことが何らかの有益な解決策につながっているような気がするのです。

* 　 * 　 *

セラピスト：さて，私が間違っているかもしれないのですが，私の考えた仮説についてお話ししてもよろしいでしょうか？　人間のマインドが「問題解決」マシーンであるということについてはすでにお話ししましたよね？（クライエントは同意する）そこでの「問題」というのは，通常，「何か不必要なものがあること」であり，「解決策」というのは，多くの場合，「それを避けよ，もしくは取り除け」でしたね？（クライエントは同意する）今この部屋で言えば「問題」とは，私が何かあなたにとって不快に感じさせるようなことを言おうとしているということです。そして，あなたのマインドが考えついた「解決策」が，「セラピストに対し失礼なことを言い

放って黙らせる」という方法だったわけです。

ステップ5　その行動の有効性を検討する

このステップでは，クライエントに，自らの行動について，それがどのくらい有効かという観点から考えてもらう。繰り返すように，第6章で紹介したオフトラック／オントラック・テクニックを含めそのための方法はたくさんあるのだけれど，広い意味で言えば，僕たちは2つの大きなカテゴリー（それらは，部分的に重なることも多い）のもとに，これらの介入すべてをひとまとめにすることができる。

- セッションで掲げた行動目標から見た有効性
- チームとしての協働から見た有効性

セッションで掲げた行動目標から見た有効性

介入の最初のカテゴリーは，クライエントに，セッションで掲げた行動目標を達成するという点において，自らの行動が有効かどうかをアセスメントしてもらうことだ。それは，クライエントやセラピーの段階によって，たとえば，飲酒を止めるとか，重要な誰かとより良い人間関係を築くといった特定的なアジェンダになるかもしれないし，あるいは，健康を改善するとか，人生をより良いものにするといった一般的なアジェンダになるかもしれない。

もちろん，クライエントが行き詰まっていればいるほど，また，セラピーの早い段階であればあるほど，行動目標は漠然として，一般的なものになるだろう。たとえば，「私にとって重要なことなんて何もありません」と言うようなクライエントとのセッションでのアジェンダは，僕たちが重要な何かを見つけることかもしれない。それでも，セラピーが進むにつれて，僕たちは行動目標をより具体的なものにしようとする。つまり，特定

の人生の領域に焦点をあて，その中でのクライエントの価値を明確にし，特定のゴールを設定する（読者はここで，第6章を改めてざっと読み返して，アジェンダの設定の仕方について改めて確認してもいいかもしれない）。次にいくつかの例を示していこう。1つ目はある特定の行動目標についての例で，2つ目はもっと一般的な行動目標についての例である。

- 「少しお尋ねしてもよいでしょうか？　もし，あなたが心配事についてただ話し続けて，それを私がただ座って，聴いて，うなずく，そんなふうにしてすべての面接時間が消えてしまうとしたら，あなたがそうありたいと願う母親になることや，お子さんとより良い関係を築くことを助けるという点に関して，これは有効と言えるのでしょうか？」
- 「あなたの率直な意見をここで教えてもらえませんか？　私にその話をされることは，あなたがより良い生活を送るうえでの助けになりますでしょうか？　そうすることは，あなたの人生に重要な変化をもたらし，困難な思考や気持ちをより効果的に扱う新しいスキルを学ぶために役立つのでしょうか？」

　この段階で，クライエントが罪悪感や恥ずかしさ，困惑とフュージョンしていることもある。そうした場合，僕たちはトリフレックスの上の角に戻って，そんなクライエントに「今，この瞬間」の基礎を身につけてもらうようにすることができる。そして，クライエントがどのような厳しい自己評価からも脱フュージョンすることを助けたり（たとえば，「ほら，あなたのマインドがあなたを打ち負かそうとしていることに気づいてください！」などと言うことによって），セルフ・コンパッションに進めることができる（第14章で紹介する）。

チームとしての協働から見た有効性

　僕たちはまた，クライエントに自らの行動がセラピー関係にどういった

影響を及ぼすかに注意を向けるよう求めることもできる（注釈：概して，「関係性」よりも「チーム」という言葉を使う方が安全だ。多くのクライエントは前者の用語に違和感を覚えるようである）。次に例を示していこう。

> **セラピスト**：私たちのために，私が心から望んでいることは，ここでチームとして一緒に取り組んでいきたいということです。それは，あなたがより良い生活を送ることを目指して，何か一緒に取り組めるような，親しみのある，協力的なチームです。これに賛成してくださいますか？（クライエントは同意する）いいですね！　それではお尋ねします。次のようなとき，たとえばあなたが……（*価値判断なしに行動を記述する。たとえば，「あなたが私に大きい声で話すとき，……」「……私を無能と呼ぶとき」「……私に話をさせようとしないとき」*），チームにどのような影響が生じると思いますか？

　この段階で，多くのクライエントは，自らの行動が良好なチーム作りにとって，役立っていないということに気がついたり，それを認めたりするようになる。もしクライエントがそのことを認めたら，セラピストは他の選択をすることになる。つまり，そのまま第6章に進んで代わりとなる有効な行動に焦点をあてるか，あるいは，一旦回り道をして，問題行動が生じている他の重要な関係性や，それらの関係性に与えている影響について話し合ってから，第6章に進むか，のいずれかである。

　これは繰り返しだけれども，もしいずれの段階であっても，クライエントが罪悪感や恥ずかしさ，困惑とフュージョンしている場合には，セラピストは，センタリング・エクササイズや脱フュージョン，セルフ・コンパッションに進むことになるだろう。もちろん，自分自身の行動が関係性に与える影響について気がつかず，認めようとしないクライエントもいるかもしれない。そうした場合，セラピストは，クライエントに対して，次の

ような，より誘導的な質問をすることができるかもしれない。

> **セラピスト**：そのことがチームにどのような影響を及ぼすと思いますか？
>
> **クライエント**：*(少し困惑した様子で)* わ……わかりません。
>
> **セラピスト**：では，あなたが私に「あなたは給料のためにここにいるだけでしょう」とか「あなたは何もわかっていない」などと言うことは，より良い，より強いチームを築いていくうえで役に立つでしょうか？

　もしセラピストがそれを有益だと考えたなら，クライエントの行動に対するセラピスト自身の反応を開示することもできるだろう。次に示すのはその例だ。

- 「あなたが大声を出したり，こぶしをそんなふうに握ったりしているのを見ると，私はとても不安になります。あなたは私を不安にさせたいのでしょうか？」
- 「あなたが私に話をさせてくれないとき，私はもどかしく感じています。そして，あなたはそういうつもりはないのかもしれませんが，私が話すことなんてどうでもいいと思われているように感じてしまいます」
- 「あなたがその話ばかり何度も繰り返すとき，私はあなたから完全に切り離されてしまったように感じます。まるで，話を持っていかれてしまい，その背後にいるあなたという人間とのつながりを完全に失ってしまったかのようです」

　クライエントが，それでもなお，自分の行動の有効性のなさに気づけず，あるいは認められずにいたとすれば，そのクライエントは非常に強く

フュージョンや回避をしているのだろう。そうしたケースでは，センタリング・エクササイズ，脱フュージョン，セルフ・コンパッションに進むのがいいだろう。それ以外にも，検討しておくべき他の可能性もある。それは，視点取得の能力の欠如だ。

僕たちがクライエントに対して，自身の行動がセラピーの関係性に及ぼす影響に注目するように求めるとき，そうした要求は視点の変化を必要とする。クライエントは，セラピストの視点から自らの行動に注目し，それがセラピストにとって，どれほど強い影響力をもつかについて考えることを求められる。でも，視点取得のスキルが欠如したクライエントの場合にはそれができないかもしれない。セラピストが，それを問題だと考えるのであれば，思いやりを示し，丁寧に，そして平易な言葉で，クライエント自身の行動が関係性に及ぼしている影響はどのようなもので，それらはアジェンダをどのように妨害しているか，についてクライエントに伝えることになる。

セラピストはまた，セラピーの進展に伴って，クライエントの視点取得スキルの向上を助ける必要性が出てくるだろうことを心に留めておくといいだろう。他者の視点を獲得する能力は，共感や思いやり，心の理論の中核であって，それゆえに，健康的な関係性を築くために欠かせないものである。

ステップ6　代わりとなるより有効な行動を強化する

ひとたび僕たちが有効でない行動をさえぎることができたなら，何か新しい，代わりとなるような，より有効な行動を引き起こし，それを強化する必要がある。最も一般的に使われるのは何らかのマインドフルネスの介入（つまり，脱フュージョン，アクセプタンス，今この瞬間との接触，もしくはそれらの組み合わせである）。

たとえば，第6章におけるオフトラック／オントラック・テクニックで

は，脱線を導くようなマインドの戦略を紙に書き出す行動やそれについてチェックをつけていく行動，それから，元の話題へと戻る行動が新しい行動にあたる。その他の例は，この章の最初の方で登場していた。つまり，セラピストが，さえぎりの合図を出したときには，「5秒間，話を止めて，マインドが何をしているかに気づき，身体の中でどのような気持ちを感じているかに気づく」という新しい行動だった。

　僕たちは，セッションの中で，クライエントに多くの代替行動を試してもらうことができる。たとえば，碇を下ろすテクニック（つまり，衝動のままに行動する代わりに，衝動に気づき，認めること），価値と再びつながって，そのときのワークにおいて大切なことを思い出すこと，もしくは，「衝動が～していることに私は気づいている」や「ここに衝動がある」「私のマインドが批判モードに入り始めている」などといった脱フュージョン，そして，アクセプタンスを促進するための自分自身での実況中継を行う，といったものがある。

　新しく有効な行動が面接室で生じたときには，積極的にそれを強化することが非常に重要だ。もし，セッションの進行につれて，クライエントが自らの有効でない行動を何とか妨げ，何らかのより有効な行動を起こせた場合には，僕たちは確実にそれに気づき，それを認め，それについて何かポジティブなコメントをしよう。次にいくつかの例を示してみよう。

- 「ところで，私の方に十分に注意を向けてくださっていましたね。すごくうれしいことです」
- 「話すことを止めて，私に話をさせようとしてくださっているのですね。ありがとうございます。今，私は，私たちがよりいっそうチームであると実感しています」
- 「たった今，本当に素晴らしいことに気づきました。私があなたにこれまでと違った方法で何ができるかを尋ねたとき，自動的に周囲の人たちを批判する代わりに，この話題に留まって，私の質問に答えてく

ださいました。どれほど私たちのセッションが実りの多いものになったかお気づきですか？」

さあ，実験だ！

- この章をもう一度読み，クライエントに語りかけるようにして，セラピストとクライエントとのやり取りを声に出して読み上げてみよう*。
- それが終わったら，それらの介入を自分の言葉で置き換えてみよう。有効でない行動を，敬意を示した態度でさえぎり，その行動を価値判断なしに記述し，その行動の意図を明確にして，その行動の有効性を検討する，さらには代わりとなる行動を強化するときに，読者の個人的なスタイルを反映させた方法を生み出そう。
- 読者が最近，ある特定の行動パターンがあるために，セッションを進めることが難しいと感じたクライエントについて考えてみよう。そうしたクライエントの行動は，実は読者が ACT について話をするのではなく，面接室内で実践するための好機だったことを思い出そう。そして，この章にある方法を使って，実際にクライエントとやり取りすることをイメージの中でリハーサルしてみよう。
- これらの方法をリハーサルすることができたら，セッションの中で試してみて，その結果を評価しよう。どこがうまくいったか？　どこがうまくいかなかったか？　次はどのように違ったやり方ができるだろうか？

*訳注：翻訳されたセラピストの台詞は，少なくとも日本という文脈では，必ずしも自然な言い回しではないだろう。場合によっては，この項目は飛ばしてすぐに下の項目に移って，それぞれの読者が自分に合った言い回しで台詞を書き換え，そのうえで練習することをお勧めする。ただし，体験の回避によって，不必要に腰の引けた台詞にならないように注意しよう。

第9章

「私はただ取り除きたいだけなの！」

　アクセプタンスという発想に対しては，非常にオープンなクライエント
がいる一方で，ためらったり，しぶったりするクライエントもいる。とり
わけ，体験の回避がものすごく強いクライエントの場合，明らかにこれに
反発するだろう。そこでこの章では，アクセプタンスに関しての典型的な
行き詰まりのポイントについて，主にアクセプタンスに抵抗を示すクライ
エントに焦点をあてながら扱っていくことにしよう。

アクセプタンスのための準備をする

　話を進めるにあたって，セラピーの導入段階においてクライエントのア
クセプタンスに対する抵抗を予防したり，低減させたりするために役立つ
3つのアプローチを紹介しておきたい。その3つとは，僕たちが，言葉を
注意深く選ぶということ，効果的にアクセプタンスを説明すること，セン
タリング・エクササイズを使ったアクセプタンスと脱フュージョンを先に
実施することだ。

言葉を注意深く選ぶ

　まずはじめに，僕たちは自らの言葉を注意深く選ぶことで，こういった
抵抗を減らすことができる。僕は，まだ初期のセッションでは，クライエ

ントに「アクセプタンス」という言葉を用いることをおすすめしない。というのも、多くのクライエントがこの言葉を誤解するからだ。クライエントは、アクセプタンスという言葉をあたかも、困難で苦痛を伴う体験に耐えること、あるいは、それを押しやること、それに負けを認めること、それを好きになること、それを必要とすること、それに賛同することなどの意味で受けとってしまう傾向がある。そこでむしろ読者には、「スペースを作る」「余地を作る」「広げる」「オープンになる」「それに息を吹き込む」「もがきを手放す」「それとともに座る」「それを軽く持っておく」「あなたの中を自由に漂わせておく」「もがきに入りこむことなく、それに流されるのではなく、それ自身のちょうど良いときに、それらがやってきて、とどまり、そして出ていくままにしておく」というような言葉や言い回しを使ってみてほしい。

アクセプタンスを効果的に説明する

2つ目に、僕たちがアクセプタンスについて適切でない説明をクライエントにしてしまうことで、意図せずクライエントの抵抗を引き出してしまう可能性がある。僕の考えでは、アクセプタンスが何を意味しているかを伝えるための最もシンプルですばやい方法は、紙を押すエクササイズ（これは、『よくわかる ACT』に載っているクリップボードを押し返すメタファーの最新版だ）のような身体的なメタファーを実施することだ。

> **セラピスト**：ちょっとしたエクササイズを紹介してもよろしいですか？（クライエントに1枚の紙を渡して）この紙をあなたが取り除きたいと望む苦痛を伴うすべての考えや気持ちだと想像してみてください。この紙を両手でしっかりと持ち、できるだけご自身から遠くの方に押しやってください。（クライエントは紙をにぎり、腕を伸ばして、紙を遠くに押しやる）いいですね、ではもっと遠くにそれを

押しやることができるかどうか試してみてください。肘をまっすぐ伸ばし，肩をつけ根から押し出してみてください，その紙をあなたからできるだけ遠くになるように……いいでしょう！

　今あなたがしてくださったことは，まさに，私たちの文化が私たちにそうするよう教えてきたことなのです。つまり，不快な気持ちを，腕の長さのところで保ったまま，できるだけ遠くに押しやるということです。私は，あなたにそうしてもらいながらある3つのことにあなたに気づいてもらいたいんです。1つ目に，それがいかに疲れるかに気づいてください。どうです，疲れてきましたか？（クライエントはうなずく）ご心配なく。それほど長い間はしませんので。2つ目に，それがどのくらい邪魔くさいものかに気づいてください。あなたがこうしながら，映画を観たり，本を読んだり，食事を楽しんだり，誰かと話をしたりすることを想像してみてください。これをやった状態で，あなたがしたいことを楽しむことは，どんなに難しいことでしょうか？　3つ目に，これをしていると，豊かな人生のための活動がいかに出来なくなってしまっているかに気づいてください。こんなことをしながら，夕食を作る，車を運転する，コンピューターのキーを打つ，愛する誰かを抱きしめる，そんな様子を想像してください！　無理ですよね。

　それでは，その紙をあなたの膝の上に置きましょう。（クライエントは自分の膝の上に紙を置く）先ほどとの違いを感じてみてください。特に今あげた3つのことに気づいてみましょう。1つ目に，どのぐらい少ない労力で済むでしょうか？　少しは疲れも取れましたでしょうか？　2つ目に，今の状態になったことであなたにとっての邪魔くささはどれくらい軽減されたでしょうか？　今この状態では，どのくらい，映画を観たり，会話したりしやすくなったでしょうか？　3つ目に，今，どのくらい，あなたの豊かな人生に向けた活動がしやすくなったでしょうか？　腕を動かして確かめてみて

ください。夕食を作ったり，コンピューターのキーを打ったり，誰かを抱きしめたりすることがよりしやすくなったのではないでしょうか？

さらに（*クライエントの膝の上にある紙を指しながら*），こうした気持ちは無くなってはいないことにも気づいてください。それらはあなたと共にそこにありますが，あなたは，今はもう，今までとは違う方法でそれらに反応しているのです。結果として，この紙があなたに与えるインパクトや影響力はずっと小さくなっています。今はもう，あなたの豊かな人生に向けた活動を自由に行うことができますし，そのように取り組みながら，それを思いっきり満喫することだってできるんです。こんなことを実際にどうやって可能にするのか，それについて学んでみませんか？

クライエント：でも，私はこうせざるを得ないんじゃないですか？（*紙を手に取り，床に投げる*）

セラピスト：なるほど。あなたはすでにそんな方法も試してきたのだと。あなたはそれを，百万回とまではいかなくても数十万回くらい行ってきている。それらを追いやろうとするための方法は非常にたくさんあります。たとえば，ドラッグ，アルコール，食べ物，テレビ，コンピューター，休暇，買い物，読書，音楽を聴くこと，運動などがあるでしょう。しかし，苦痛を伴う気持ちが少しの間消えることはあっても，すぐにまた戻ってくるといったことはありませんか？　だから，こうしていることは（*小さく紙を投げ捨てながら*），このようにしていることと（*新しい紙を取り出し，両手でそれを押しやりながら*）まさに同じなのです。どうでしょうか。あなたはこんな方法を（*クライエントの膝に紙を置く*）身につけたいですか？

もちろん，アクセプタンスを説明するためのメタファーは，他にもたくさんある。でも，身体的なメタファーは言語的なものよりも，クライエン

トによりインパクトを与えることができるのだ。

センタリング・エクササイズを伴うアクセプタンスと脱フュージョンを先に実施する

　3つ目のポイントとして，もし僕たちが，クライエントが非常に強い体験の回避を示していると推測した場合，アクセプタンスへ移る前に，今この瞬間との接触や脱フュージョンの取り組みを先に進めるのがベストだ。もしクライエントが感情に圧倒されている場合には，僕たちはクライエントに今この瞬間へと碇を下ろせるよう促す（第3章にある碇を下ろすテクニックを確認しよう）。さらに，クライエントが「それは難しすぎる」や「でもそれは嫌だ，私にはできない」といった思考とフュージョンしている場合には，クライエントがそうした思考から脱フュージョンするのを支援しよう。

アクセプタンスにおける典型的なつまずきポイント

　アクセプタンスまで進んだなら，クライエントにとって今度は6つの典型的なつまずきポイントがある。

1. セラピストからの承認の不足
2. 価値から遠く離れていること
3. 回避による大きな見返りの存在
4. 「でも，嫌だ！」という思考とのフュージョン
5. 「打ちのめすような」感情
6. 偽のアクセプタンス

164　第2部　クライエントを行き詰まりから解き放つ

つまずきポイント1　セラピストからの承認の不足

　もし僕たちが，最初にクライエントに共感を示し，痛みに対して承認を行い，それを取り除きたいという欲求をノーマライズすることなく，アクセプタンスに急いで進んだとしよう。そうするとクライエントは，僕たちから自分が苦しんでいることに関心をもってもらえておらず，理解もされていないし，真剣に受け止められてもいない，と思ってしまうおそれがある。そこで，クライエントが「でも私はこんな気持ちが嫌なんです！　ただ取り除きたいんです」と言うようなときは，クライエントの反応に対してきちんと承認するようにしよう。一例をあげておこう。

　　セラピスト：もちろん，嫌ですよね。嫌じゃない人なんているでしょうか？　本当につらいことですよ！

　僕たちには，こうしたことを何度も何度も行いながら繰り返しクライエントに共感を示し，クライエントの痛みを理解し，クライエントにおける苦痛を取り除きたい欲求をノーマライズすることが求められるだろう。

つまずきポイント2　価値から遠く離れていること

　ACTでは，それがクライエントの価値や有意義さの探求，人生を充実させるゴールにつながるようでないならば，決してクライエントに苦痛を受け入れるよう求めたりはしない。もしクライエントがアクセプタンスに抵抗を示すならば，僕たちは僕たちセラピストの側が，アクセプタンスと価値や価値に基づくゴールとを明確に関連づけることができてきたかをよく自問するべきだろう。

　トリフレックスを思い出してほしい。クライエントがアクセプタンス（「オープンになる」という左の角）でつまずいたときには，価値（「大切

だと思うことをする」という右の角）の側に移ってダンスすることができる。僕たちは，価値の的のワークシートやその他の価値に関するツールを使ってクライエントを自らの価値に触れさせ，この作業が何のためのものであるかという感覚と結びつけることができる。それから，僕たちは「そうすることが，あなたを価値の的の中心へと近づけるのであれば，これらの苦痛を伴う思考や感情のためにスペースを作ってみようと思いますか？」や「あなたがありたいと願う母親であるために，もしそれが必要なのであれば，この不安のためにスペースを作ってみようと思いますか？」と尋ねることができる。

　多くのクライエントにとってこの方法はうまくいくだろう。それでも，体験の回避が非常に強いクライエントの場合，無残にも失敗するかもしれない。そのような場合，僕たちは，次の節で示すような創造的絶望を使って対応することができる。

つまずきポイント3　回避による大きな見返りの存在

　体験の回避が強いクライエントでは，ありとあらゆる行動によって苦痛の緩和という大きな見返りを得ている。たとえ，そこで得られる苦痛の緩和がどれほど一時的なものであったとしてもだ。そのため，彼らは，回避という行動パターンを手放すことをとてもしぶる。こうしたクライエントのために，僕たちは創造的絶望を取り入れることができるのだ。

　創造的絶望は，クライエントの回避のパターンについての絶望の感覚を創り出す。その目的は，アクセプタンスという代替的なパターンに対して，クライエントによりオープンになってもらうことにある。創造的絶望を行うにはとてもたくさんの方法があって，それぞれの実施時間はかなり異なっている。中には数分間の短いものから，セッション全体の長さにまで及ぶものもある。僕たちは，これをすごく控えめに，たとえば，ちょうど1回分の介入として行うかもしれない。もしくは，僕たちはそれを広範

囲に数回のセッションに亘って行うかもしれない。創造的絶望にはこうい
った多様性があるのだけれど，そのいずれもが次の3つの質問を中心的な
テーマとしている。

- 「あなたはその苦痛をどこかに追いやろうとして，どんなことを試み
  てきましたか？」
- 「その試みは長い目で見て，どのように役立っていますか？」
- 「そうした方法を過剰に用いてきたことで，あなたは何を犠牲にして
  きましたか？」

　ここでは具体的な創造的絶望の手順について詳しく説明することはしな
い。これについては『よくわかるACT』のようなACTのテキストの中
にすでに具体的な例が解説されている。ここでは，どのような創造的絶望
の実施方法を使った場合にも適応できる，創造的絶望をより効果的にする
ための，いくつかのコツを紹介しておこう。

コツ1　クライエントを促す

　ほとんどのクライエントにおいて，彼らは自分が用いてきたすべての回
避方略を一つひとつ思い出すだけの準備はまだできていない。そこで，僕
たちには，たとえば「これまでにあなたは○○を試したことがあります
か？」などのように，これまでの回避方略を思い出してもらえるようクラ
イエントを促す必要がある。DOTSとは，最もよくある回避方略につい
て僕たちがクライエントに尋ねるときに便利な，回避方略の頭字語だ。

　D = Distraction（気をまぎらわす）：あなたが自分の気をまぎらわすた
　　めに行う方法には，どのようなものがあるでしょうか？
　O = Opting out（離れる）：あなたが離れたり，避けたり，やめたり，
　　引き下がったりするのは，どのような人や場所，状況，活動でしょ

うか？

T = Thinking（考える）：あなたは苦痛から抜け出そうとどのように頭の中で考えるようにしてきましたか？　たとえば，心配する，空想する，怒る，分析麻痺，ポジティブに考える，ネガティブな思考に挑戦する，周りを責める，自分を責める，空想にふけるなどです。

S = Substances, Self-harm, and all other Strategies（物質依存，自傷行為，その他の方略）

（『よくわかる ACT』の p.144 にある DOTS とあわせて確認するといいだろう）

コツ2　見返りをはっきりと認識する

　僕たちは，クライエントの回避行動にも何かしらの見返りがあることをきちんと認識しておく必要がある。僕たちはクライエントに「つまりは，明らかなこととして，そうした方法の多くは，**ほんの少しの間**，苦痛を和らげるのに役立っているわけですね」などと言うかもしれない。さらに，「そういった方法のいくつかが長い目でみて，あなたの人生を良い方向へと導くならば，それを続けていくのがまっとうな選択です！」というように言うだろう。これは非常に重要なメッセージだ。僕たちは ACT におけるマインドフルネス・ファシストではない。つまり，僕たちは，クライエントがすべての回避方略をやめることを期待しているわけではないのだ。たいていの回避方略は，それが適度に，柔軟に，適切に使用されているぶんには問題ない。たいていの回避方略は通常，僕たちがそれを過剰に，かたくなに，不適切に用いるときにだけ，有効でないものになるのだ。

コツ3　クライエントに苦痛はいつも戻ってくることを思い出してもらう

　回避方略には，苦痛を伴う思考や感情を短期的に追いやることができる

という見返りがある。僕たちはこのことを認識すると同時に，クライアントに対して，長期的に見れば回避方略を行っても苦痛はまた戻ってくるという事実に触れられるよう促す。僕たちはクライアントに対し，たとえば，「あなたはこれらの感情を仮に一時的にでも振り払おうと多くの方法を試してきたわけですが，実際のところ，そうした感情は消えてしまって，そのままずっといなくなってしまったのでしょうか？」と尋ねるかもしれない。

　もちろん，僕たちはクライアントが，そうではないと答えることを想定している。もしクライアントがその通りですと答えたら，僕たちは次のような台詞で応じるだろう。「なるほど，私は今，少し混乱しています。あなたが苦痛を伴う考えや感情を永遠に取り除く方法をすでに見つけているのであれば，なぜあなたがここでこうしているのかがわからないからです。もしそうならば，あなたはただそれを押しやるということを，もっと続けていけばよいということではないのでしょうか？」

コツ4　代償について説明するのではなく尋ねる

　僕たちは，クライアントがそうした回避方略の代償について，しっかりと，そして素直に振り返ることを望んでいるけれど，クライアントを説得したいとは思っていない。つまり，クライアントには，自身の回避方略には見返りがあるけれど，一方でそれは重大な代償を伴うということを自身の目で確かめてもらいたいのだ。たとえば，僕たちは次のように尋ねるかもしれない。「これらの方法はあなたに短期的な安心をもたらすかもしれませんが，そのうちで長期的にはあなたを行き詰まらせてしまったり，あなたの人生をより悪い方向へと導いてしまうものはどれくらいあるでしょうか？　一つもないでしょうか，ほんの少しでしょうか，それともほとんど，あるいは，すべてでしょうか？」

　このとき，僕たちは，クライアントが「ほとんど」と答えることを想定している。クライアントが「一つもない」「ほんの少し」「それほど多くな

い」などと答えた場合，僕たちは再び次のように対応するだろう。「なるほど，私は今，少し混乱しています。それらの方法のすべてが苦痛を伴う思考や感情を和らげてくれて，同時に，長期的にもあなたを行き詰まらせたり，あなたの人生をより悪いものにしたりしないのであれば，あなたがここでしていることが私には理解できないんです。つまり，ただそれを押しやることを，もっと続ければよいだけではないでしょうか？」

　クライエントの答えが「それらのうちほとんど」であれば，僕たちは次のような質問を投げかけることができる。「あなたがそれらの方法にあまりに頼りすぎた場合，あなたの健康，お金，時間，対人関係，何らかの機会，感情的な苦痛といった点からは，具体的にどのような代償を伴うでしょうか？」

　僕たちはまた，次のような質問をすることで，その代償を価値づけられた人生と明確に関連づけることもできる。「これらの行動は通常，あなたが生きたいと思う人生を創り出すために［あなたがそうありたいと思うような人でいるために，あなたがしたいことをするために，など］役立ちますか？」あるいは，「通常，あなたがこれらの方法を使ってきたとき，そうすることはあなたを価値の的の中心へ近づけてくれたでしょうか，それとも遠ざけたのでしょうか？」。僕たちはまた，価値の的の各四分円を順番に示しながら，それぞれの回避方略について，「これらの方法は，この領域においてどのような代償をもたらしていますか？」と尋ねることもできる。

　最後に，次のことを強調しておきたい。ここで示したやり方は，心を開き，関心をもった誠実な態度で，そして思いやりのある価値判断的でない方法で行わなくてはいけない。僕たちセラピストこそが「正しい」あるいは「一番よく知っている」というような価値判断的な立場でいれば，ここで示したような介入は逆効果になってしまうだろう。

170　第2部　クライエントを行き詰まりから解き放つ

コツ5　好奇心を喚起する

　どのような創造的絶望を行う場合であっても，最終的には，クライエントの関心が，僕たちが提供しようとしている代わりとなる方略へと移るように促しておくべきだ。それを促す方法について例を示しておこう。

> **セラピスト**：そういったわけで，あなたはとてもつらい感情を抱え，ごく自然なこととして，それらを消し去ろうと非常に努力をしてこられました。あなたが試してきた多くの方法は，**短期的には**いくらかの苦痛の緩和をもたらしました。でも，長期的にはそうしたつらい感情は再び戻ってきているわけです。そして，残念なことに，そうした感情を取り除くためにあなたが用いてきた方法のほとんどは，とても大きな代償をもたらしてきました。**長期的には**あなたの人生をより良いものにではなく，より悪いものにしてきたわけです。そこで，私はこんなことを考えています。あなたは今までと根本的に違ったまったくの新しい方法を試してみることについて，どれくらいオープンになっておられるだろうかと。また，感情があなたに対し与えるインパクトや影響力を大きく緩める方法で，あなたが試してきたあらゆる方法とも根本的に異なった，つらい感情に対しての新たな反応の仕方をあなたは試してみたいと思われるだろうかと。

　理想的には，この段階で，クライエントにおける回避的なパターンを手放すことに対するウィリングネスや代替的な方略への関心を引き出しておきたい。もしそれができたならば，僕たちにはこの段階で，非常に軽い，そして極めて短い方法を用いて，クライエントにアクセプタンスを紹介することができる（極めて短い介入の例としては，『よくわかるACT』のp.235〜241にある幅広い「10秒間のアクセプタンス技法」を確認しよう）。その後クライエントのマインドフルネス・スキルが徐々に向上して

きたならば，僕たちはより時間的に長く，そして，より困難だけれどもやりがいのあるエクササイズへと移ることができる。

つまずきポイント4 「でも嫌だ！」という思考との フュージョン

仮に僕たちが創造的絶望の手続きに熟練していたとしても，クライエントの中には，かたくなに「でも，私はこうした気持ちが嫌なのです。私はただそれらを取り除きたいだけなんです」と訴え続ける人もいる。このことは多くのセラピストがつまずくポイントでもある。そこで，僕たちが選択しうる多くの対応方法の中からいくつかをここで紹介しておこう（もちろん常に，思いやりをもって，敬意を示して，価値判断なしに行うことが大切だ）。

苦痛を承認しながら創造的絶望を繰り返す

クライエントが「でも，嫌なんです。私はただそれらを取り除きたいだけなんです」と訴え続けた場合，僕たちはそれまで以上に承認を行って，そして創造的絶望へと戻る。「もちろんそうですよね，それは苦痛を伴いますから。むしろ，苦痛に感じない人なんているでしょうか。あなたはそれを消し去ろうととても一生懸命に頑張ってきました。でも，残念なことに，あなたの人生はむしろ悪い方に進んでいるようです。だからこそ今までと違う方法を思い切って試してみようと思われませんか？」

価値の方向へダンスする

トリフレックスに戻ろう。「オープンになる」で行き詰まったとき，僕たちは，次のような台詞でもって，「大切だと思うことをする」に向かってダンスすることができる。「私がたった今，魔法の杖をふると，これまでの思考や気持ちにあなたが悩まされることはもうありません。そんなふ

うに想像してみてください。何があってもあなたはケロッとしています。思考や気持ちがどんなふうにもあなたに影響することはまったく無くなったのです。さて，あなたは今までとは違って，何をするでしょうか？　何を始め，何をやめるでしょう？　何をこれまで以上に行って，何をすることを減らすでしょうか？」

研究を引き合いに出す

クライエントの中には，科学的な解説を聞くことで納得できる人もいるだろう。そこで，次のようなエビデンスに基づいた説明を行うことを検討してみてほしい。「この心理療法を行うと実際に症状が低減するという，たくさんの優れた研究があります。でもそれは，気持ちと戦ったり，それらを消し去ろうとするような直接的に気持ちを何とかしようとしてうまくいった結果ではありません。実際のところ，症状の軽減はそういった苦痛とのもがきを手放した結果，副次的に起こるんです」（注釈：僕たちがこの方略を使う場合には，後で簡単に触れる「偽のアクセプタンス」に特に注意が必要だ）。

セラピスト自身の絶望を宣言する

僕たちが使えるその他の方法としては，僕たちセラピストもクライエントと同じように苦痛な思考や気持ちを経験すること，さらには，僕たち自身もそれらを取り除く方法を知らないことを説明するという方法がある。「申し訳ないのですが，あなたがお尋ねになっているようなことをどのようにすればよいか，私にはわかりません。あなたとまさに同じように，さらには，他の誰もがそうであるように，私自身もつらい思考や気持ちというものを持っています。私はそれらを永遠に取り除いてしまえるような方法を何も知りません。ただ，それらのインパクトや影響力をかなり緩められるような反応の仕方なら知っています。そのような方法を身につけたいと思われますか？」

動かぬ事実を説明する

セラピスト側の絶望を宣言するのと同じような方法として，回避のうまくいかなさを強調する方法もある。「どのような心理療法に取り組んだとしても，あるいはどんな薬を使ったとしても，そういった治療によってすべての望まない思考や気持ちを取り除くことは誰も保証できません。それがどんな支援者，カウンセラー，医師であってもです。すべての心理療法や薬には共通する限界があるんです。つまり，そういったものは困難な思考や気持ちを取り扱うための何か新しい方法をあなたに提供してはくれますが，それによって，永遠に困難な思考や気持ちを消し去ることなどできないのです。ですから，私にもやはりそれは不可能です。けれども，私は，苦痛な思考や気持ちがあなたに与えるインパクトや影響力を緩めるような，新しい対応方法をあなたが見つけることのお手伝いならできます。そのような方法を身につけたいと思われますか？」

コントロールの幻想に直面させる

しばしば効果的な方法として，僕たちが実際にはいかにしてものごとをコントロールなどできていないかクライエントに気づけるよう助ける方法がある。これを促すには，コントロールのもつ幻想をターゲットとしたいくつかの古典的な ACT のエクササイズを使うことができる（例として，『よくわかる ACT』の p.158，もしくは ACT の入門書を参照のこと）。

脱フュージョンの方へダンスする

僕たちが常にトリフレックスを頭の隅に置いておくことで，クライエントがアクセプタンスでつまずいていたとき，僕たちは彼らの柔軟性を促進するために脱フュージョンへダンスをすることができる。「『それを取り除かなければならない，それ以外解決策はない』とあなたのマインドが言っているわけですね。私にはそれをどうやったら取り除けるのかわかりませ

んし，それができているような人も知りません。けれども，私は他の解決策であれば知っていますよ。それは，あなたが今までに試してきたどのような方法とも根本的に違った方法です。ですから，あなたは今，ある選択に迫られています。あなたのマインドが『それを取り除かなければならない，それ以外解決策はない』と言っているのでここであきらめてしまいましょうか？　それとも，あなたのマインドには好きにおしゃべりさせておいて，この挑戦をこのまま続けましょうか？」

オフトラック／オントラック・テクニックを使う

すでに読者がクライエントに対してオフトラック／オントラック・テクニックを紹介しているならば，これをここで持ち出すこともできる。「私が思うに，これもまた，あなたのマインドが私たちを横道にそらすために使っている戦術のひとつです。どう思われますか？　この戦術についても書き加えておきましょう」。もちろん，あなたがまだこのテクニックをクライエントに紹介していないのであれば，このタイミングでこれを紹介してもいいだろう。

第三の方法を提案する

さらに他の方法として，紙を押すエクササイズをもとにした体験的なメタファーというものもある。

セラピスト：私が間違って捉えているかもしれないので，ちょっと意見を聞かせていただきたいのですが，あなたには，ご自身の困難な考えや気持ちに対して，ちょうど2つの基本的な反応の仕方があるように私には思えます。*（1枚の紙を取り出して）*この紙があなたの考えや気持ちのすべてだと想像してみてください。それらに対する1つ目の反応の仕方はこうです。*（クライエントの顔の前に紙を持ち上げ，鼻に当てる）*。あなたはご自身の考えや気持ちに巻き込ま

れている状態です。あなたの考えや気持ちがあなたを支配し，コントロールし，打ちのめします。もうひとつの方法はこうです（*先に述べた「紙を押すエクササイズ」と同じように，紙を押しのける。セラピストが以前にこのメタファーを取りあげていない場合は，この場でメタファーについて説明しながら続きを行う*）。

　これら2つの反応の仕方だけを続ける限り，考えや気持ちといったものは常に恐ろしいものでありあなたを打ちのめし，あなたの人生をコントロールし続けるでしょう。ですから，第三の反応の仕方を身につけてみませんか？　それは他の2つとは根本的に違ったものです。

クライエント：いや，そういうことじゃないんです。私は不安症なんですから！　この不安を取り除か**ないわけにはいきません**。

セラピスト：不安に対する最初の2つの対応だけを繰り返していては，あなたはいつでも不安症のままです。不安症を引き起こすのは不安そのものではなく，それらに対する効果的でない反応の仕方なんです。不安を永遠に除去してしまえる方法なんてありません。誰もがときには不安を経験します。でも，あなたが不安に対するそうした最初の2つの対応だけをし続けている限り，不安は常に圧倒的で恐ろしいもののように見え，あなたの人生に大きな影響力を持つようになります。そういうわけで，最初の2つとは異なる第三の反応の仕方を身につけたいと思いませんか？

長めの創造的絶望を活用する

　創造的絶望はときに効果的でないことがある。それは，しばしばこの介入が，不十分な長さで行われていたり，体験的ではなくあまりに講義レベルで行われてしまうことがあるからだ。そのため，僕たちはクライエントに対して，価値の的のワークシートを活用しながら，より時間をかけ，よ

176 第2部 クライエントを行き詰まりから解き放つ

り広範囲に亘って，そして，より情動的に創造的絶望をクライエントに導入する。

> **セラピスト**：こういった気持ちを回避したり，取り除いたりしようと必死になりながら人生を送ることは，あなたの人生にどのような代償をもたらしているのでしょうか？　このことについて，改めて見ていきたいのですがよろしいでしょうか？　これに関しては，以前にも簡単に話し合いましたが，こうしたやり方があなたの人生をいかに困難なものにしてしまっているかについて，あなたが本当の意味で納得しているようには思えないんです。数分，時間をとって，この代償についてもう一度探究してみませんか？

　クライエントが合意すれば，セラピストは価値の的のワークシートを使って，クライエントに，自分の中に生じている苦痛を伴う思考や感情に気づき認めてもらいながら，四分円の各々において，大きいものから小さいものまで，回避がもたらすあらゆる代償を探求してもらう。

つまずきポイント5 「打ちのめすような」感情

　もしクライエントが明らかに激しい感情にもがいていたり，自身の感情に打ちのめされていると訴える場合，僕たちのとるべき最初のステップは，クライエントにセンタリング・エクササイズをしてもらうこと，つまり，自身を取り巻く世界との接触を促すことだ。たとえば，僕たちは碇を下ろすテクニック（第3章）かもしくは，他のセンタリング・エクササイズをクライエントに体験してもらうことができるだろう。

　僕たちは，これらをセッションの至るところで繰り返し実施することができる。さらには，これらの技法をセッションとセッションの間に練習するようクライエントに求めることもできる。クライエントがこのスキルを

習得するにつれて，僕たちは「今，ここに，いる」と「オープンになる」の間をダンスしながら，短く，緩やかにアクセプタンスに進むことができるようになるだろう。

つまずきポイント6　偽のアクセプタンス

　僕は，アクセプタンスに見せかけた体験の回避を意味する用語として「偽のアクセプタンス（pseudoacceptance）」という言葉を使っている。ときにこれが起こる原因は，セラピストが矛盾したメッセージ（第1章にて議論した）を送ることにある。またときには，クライエントが単にアクセプタンスをうまく理解できていないような場合にも生じる。

　しばしば僕たちは，クライエントが，面接室の外でアクセプタンスの技法を使ったけれどうまくいかなかったと僕たちに訴える頃になって初めて，偽のアクセプタンスの存在に気づく。もし僕たちが「うまくいかなかったというのは，どういう意味ですか？」と尋ね，クライエントが「これでは不安が消せませんでした」と答えたとき，僕たちはクライエントが偽のアクセプタンスを練習していたことに気づく。つまり，クライエントの実際のパターンは，明らかに，感情をアクセプトすることではなく，それを取り除こうとするやり方なのだ。このような場合，僕たちは，紙を押すエクササイズか，あるいは偽物ではない方のアクセプタンスの目的を強調するような何らかのワークに立ち戻る必要がある。

　僕たちはまた次のようなことを思いやりをもってクライエントに指摘することができる。つまり，アクセプタンスの練習をしていると，痛みを伴う感情はしばしば小さくなったり，消えたりはするけれど，それはボーナスのようなものであって，それ自体が主な目的ではないということだ。僕はしばしば次のように言っている。「痛みを伴う気持ちが消えることもあるでしょう。そんなときにはそれを楽しんでください。けれども，それを期待はしないでくださいね。さもなければ，あなたはすぐにがっかりする

ことになるでしょう。アクセプタンスのポイントは，気持ちを取り除くことではありません。それらにもがくことからあなたを解放することです。あなたがもがきを手放したとき，あなたにとって本当に大切なことにエネルギーを注ぎ込むことができるのです。あなたはご自身がすることに全力を注ぐことだってできるのです。こうしたことは人生におけるどの領域においても，成功や幸せの土台になるでしょう」

さあ，実験だ！

- 読者のスタイルに合うように言葉を修正しながら，この章のすべてのセラピストの台詞と提案された方法を声に出して読みあげてみよう。
- アクセプタンスの発想に対し反発を示した，読者が最近受け持ったクライエントについて考えてみよう。本章にあるどの方略がそのクライエントに対して最も有効かを検討しよう。そして実際にそのクライエントとの次のセッションで，その中のいくつかの技法を試してみよう。

第10章

厄介な思考

　脱フュージョンにおいて，僕たちが意図せずにクライエントを行き詰まらせてしまう要因には大きく4つのことがある。それらは，知的に説明すること，クライエントを否定すること，テクニックに柔軟でなくなること，偽の脱フュージョン（pseudodefusion）を促進することだ。それぞれを順番に見ていこう。

知的に説明してしまうこと

　ACTにおいては，新しい概念を紹介するとき，言葉による説明や専門的な表現を用いるよりも，メタファーや体験的エクササイズを用いる方がいい。クライエントに対して，脱フュージョンとは何であるか，脱フュージョンは何に関わるのか，脱フュージョンを行うためにはどうすればいいか，といったことについて多くを語れば語るほど，より知的で，分析的に考える態度へと陥ってしまうリスクを冒すことになる。だからこそ，脱フュージョンの発想を導入するときも，シンプルなメタファーやエクササイズの使用を検討する方がいいわけだ。僕が個人的に好んで使うのは，「思考＝手」と捉えるメタファーである。

セラピスト：これから行うちょっとしたエクササイズのために，まず，あなたの手が自分の思考であると想像してみてください。そして，

本の見開きのように，手のひらを上にして，手を膝の上に置いたままにしてください（セラピストが，実演をして，クライエントがまねる）。そして，今，あなたが思考に囚われていないことに気づいてください。つまり，あなたは，部屋を見渡すことができ，すべてを理解することができ，私に対して十分に注意を払うことができます。今度は，あなたの手を，顔の方に向かってとてもゆっくりと持ち上げて……目を覆うまで持ち上げていってください（セラピストが実演をして，クライエントがまねる）。今，あなたは，完全に思考に囚われています。ACTでは，これを認知的フュージョンと呼びます。つまり，あなたが，思考と一体化してしまうことを指します。

　そして，私はあなたにぜひ次の3つのことに気づいてほしいと思っています。1つ目に，あなたがどのくらい多くのことを見逃しているかを感じ取ってほしいのです。あなたにとって，この部屋はどのように見えましたか？　私の顔はどのように見えましたか？　あなたは，多くのことに盲目になってしまっているわけです。2つ目に，あなたがこれによってどのくらい邪魔され，世界から切り離されてしまっているかに注目してください。あなたがそうしながら，好きな映画を観ること，スポーツをすること，お肉を食べること，本を読むこと，もしくは，愛する誰かと話をすることを試す場面を想像してみてください。この状態で，あなたが今していることに打ち込むことや，目の前のことに対して十分に注意を払うことはどのくらい難しいでしょうか。3つ目に，思考が，あなたをどのくらい縛りつけ，あなたにとって効果的に振る舞うこと，つまり，あなたの人生がうまくいくように振る舞うことをどのくらい難しくさせているかに注目してください。あなたがこうしている状態のままで，車を運転し，夕食を作り，コンピューターをタイプし，ジムに行き，赤ちゃんを抱きしめようとする場面を想像してみてください。

（セラピストとクライエントは，ずっと目を手で覆っている）

　次に，今度はあなたと，思考の間のスペースを，とてもゆっくりと広げていきましょう（ゆっくりと手を下げ，クライエントはそれをまねる）……そして，この部屋のあなたの視界の中で起こっていることに気づいてください。あなたが，思考から離れて，周りの世界に触れるようになるにつれて，あなたの体験がどのくらい豊かで，充実したものになっていくかに気づいてください（セラピストは，手を膝の上に置き，クライエントもそのようにする）。私たちは，これを脱フュージョンと呼んでいます。そして，あなたは，今，思考から，「脱フュージョン」し，何かに盲目になることも，そしてもはや世界と切り離されたり，邪魔されたりもしていないことに気づくでしょう。そして，あなたは，十分に今にいるのです。つまり，あなたは，たとえば，本を読み，映画を観て，愛する人と話すなど，自分がしているどんなことに対しても，十分に注意を払うことができます。さらに，あなたは，今，はるかに効果的に振る舞うことができているということに気づくでしょう。バイクに乗ること，車を運転すること，夕食を作ること，コンピューターをタイプすること，愛する人を抱きしめることが，今ははるかにしやすくなっているのです。

　そして，さらにもうひとつのことに気づいてもらいたいのですが，よろしいでしょうか？　あなたの手は，まだ，そこにあります。あなたは，手を切り離したわけではありません。もし，手を使ってできる何か有効なことがあれば，あなたにはその手を使うことができるのです。もし，特にそうする必要がなければ，手をそのままにしておいてください。そして，ACTにおいては，思考に対しても同じことを行います。もし，思考が有効であれば，それを使います。つまり，思考が行動を導くようにするのです。でも，もし，思考が有効でなければ，私たちは，それをただ好きなようにさせて

182　第2部　クライエントを行き詰まりから解き放つ

　おきます。つまり，それらに囚われることなく，それらの好きなように，ブラブラとさせたり，行ったり来たりさせておくのです。

　一度，このメタファーを紹介すれば，クライエントが，自分自身がどのようにフュージョンもしくは脱フュージョンをするかを弁別できるように，いかなる時点でもこのメタファーを用いることができる。

セラピスト：たった今，あなたがどのくらい「今，この瞬間」にいるかに注目してもらうことはできますか？　もし，こうすることが（*自分の目を手で覆っている*），周りの世界からすっかり切り離され，すべてのことがあなたの思考に囚われていることを表していて，そして，こうすることが（*手を膝に置く*），完全に今にいて，自分が今行っていることに十分に取り組み，注意を十分に払うことができていることを表すとします。あなたの手を使って，たった今，あなたが，どのくらい「今，この瞬間」にいるかやってみてもらえますか？

クライエントを否定してしまうこと

　ACTにおいては，クライエントの体験を否定することのないよう常に注意しておかなくてはならない。たとえば，「その思考に関して，あなたのマインドに感謝しましょう」という，よく知られているACTの言い回しは，ある文脈においては，クライエントに対して明らかに，攻撃性の高い発言となることがある。

　そこで，何よりもまず，深い敬意と思いやりをもってクライエントに向き合う必要がある。もし，クライエントが，特定のテクニックを用いることで，否定されたように感じてしまうリスクがあると考えられる場合には，慎重過ぎるくらい慎重になって別のやり方を選択しよう。たとえば，

クライエントが自身に対して,「マインド,ありがとう」と言うよりも「思考がまたあっちへ行きました」と言うことの方が推奨されることもあるかもしれない。

　また,脱フュージョンの理論的な根拠についてはきちんと理解しておく必要がある。つまり,クライエントの問題を明確に概念化できたであろうか？　脱フュージョンは,どのような役割を担わなければならないのであろうか？　そして,脱フュージョンを,どの段階で,明確に取り入れるべきであろうか？

　たとえば,もしクライエントが愛する人を失い,急性の悲しみを抱えているとしたら,一般的には,セルフ・コンパッションに関する取り組みから始めるのがいいだろう。クライエントに対して,自分がどのくらい痛みを感じているかについての思考から脱フュージョンするように求めるようなことはしない。それでも,もし,このクライエントが,深い悲しみの過程を経て動き出そうとするときに行き詰まってしまい,「私の人生は終わった,死んだほうがマシだ」といった思考にフュージョンしてしまっているのであれば,明確に脱フュージョンを行うことが求められる。でも,そんなときでさえ,思考をひょうきんな声で言うような,冗談めいた脱フュージョンのテクニックは用いるべきではないだろう。

　十分に注意して使うべき言葉には,「物語（story）」という言い方もある。僕たちがクライエントに「あなたが,その物語に囚われているとき,どのようなことが起こっていますか？」と質問したならば,クライエントは「これは物語なんかじゃありません。事実です！」と反論するかもしれない。もし,このようなことが起こったら,「すみません。あなたの気分を害するつもりはありませんでした。私が言った『物語』というのは,情報を伝達する一連の言葉を指します。あなたがその話を作り出したとか,その話が真実ではない,などということを言っているわけではありません。もし,あなたが好むのであれば,代わりに『認知』や『思考』といった言葉を使うことも可能です」と返答することもできる。

もちろん，「思考」という用語もまた，「それは思考なんかじゃない，事実だ！」といったネガティブな反応を起こすこともあるかもしれない。このケースの場合，「大切なことは，私たちはたくさんの異なる種類の思考を持っているということです。たしかに，私たちの思考が，客観的に事実であった場合はそれを『事実』と呼びます。でもたとえば，意見，予測，価値判断などの『事実』とは呼ばないような，他のさまざまな種類の思考もあります。つまり，色々な種類のすべての思考を含められるような言葉が必要です。私が考えつく唯一の言葉が『認知』だったということです。いかがでしょうか？」

「マインド」という言葉もまた，クライエントを悩ませる場合がある。ここに，そうしたときのクライエントからの反論にどのように対応すべきかについて，例を示しておこう。

クライエント：あなたは，なぜ僕の「マインドが話している」と言い続けるのでしょうか？　それは僕のマインドではありません。

セラピスト：私が，「マインド」と言うとき，それは，「考えるあなたの一部」を意味しています。私は，それを他にどう呼べばよいかわからないのですが。あなたは，代わりにどんな言い方をされますか？

クライエント：「脳」と言います。

セラピスト：わかりました。それでは，あなたの脳があなたに話しかけるとき，あなたはいつも何をしているでしょうか？

肝心なことは，クライエントに対して，敬意と思いやりを持って関わることだ。もし，何かの事情で彼らを否定してしまった場合は，速やかに謝罪するだけなく，自分たちがしていることの理論的な根拠を説明しよう。そして，達成したいことに向かうための異なる方法を見つけ出すのだ。

テクニックに柔軟でなくなってしまうこと

　多くの脱フュージョンのテクニックは，たとえば，思考について，歌ったり，ひょうきんな声で言ったり，コンピューターのスクリーン上に想像したり，カードに記入したりするなど，遊び心に満ちているという特徴がある。さまざまな材料を使って，思考を描いたり，色を塗ったりするなどの芸術的な取り組みもある。また，より身体的に，メタファーを身振りで示す方法もある。そして，たとえば，思考を，流れに漂う葉っぱ，もしくは，コンベアーベルト上のスーツケースの上に乗せたりするなど，瞑想的な形式の方法も存在する。

　当然ながら，僕たちは自分好みの脱フュージョンのテクニックを見つけるだろうし，そのこと自体は問題ではない。でも，もし，テクニックに重きを置いた脱フュージョンに過度に依存してしまうと，少なくとも2つの問題が起こる。まず第一に，僕たちが好む技法に対して，反応が乏しいクライエントがいるかもしれないということだ。そのようなときに，もし，代替的な方法に差し替えることができない場合，セラピーのプロセスは行き詰まってしまうだろう。第二に，脱フュージョンを，穏やかに，巧みに，そして，形式ばらずに展開し，続くセッションを通じて脱フュージョンを強化していったりするための，多くの機会を逃してしまうかもしれない。そこで，このプロセスを，より柔軟にするための簡単な2つの方法，すなわち，形式ばらない脱フュージョンと，有効性についての質問を用いる方法について見てみよう。

形式ばらない脱フュージョンの必要性

　脱フュージョンが頭で学習されることはない。つまり，体験的な実践を通してでしか，このスキルは獲得されない。でも，脱フュージョンのエク

ササイズを通じて，形式的にこのスキルを獲得させなくても，クライエントがこのスキルを獲得する手助けをすることは可能だ。ではどうするのか？　セッションでフュージョンが起こったときに，それに気づき，認め，そして，価値判断することなくそれについてコメントするのである。

　たとえば，「あなたのマインドは，あなたに非常警報を鳴らしていたようですね。今，あなたのマインドは，そうした警報を鳴らしていますか？」もしくは，「さて，あなたのマインドが，どうやって会話を乗っ取って，話題をすっかりさらってしまったのかわかりましたか？」と言うかもしれない。思考のなかに迷子になったクライエントに対しては，「私はあなたを見失ってしまったようです」と言うかもしれない。そして，クライエントが再びセラピーに取り組みはじめたら，「あなたは戻ってきました。あなたのマインドは，あなたをどこに連れていっていたのでしょうか？」もしくは，「あなたのマインドは，あなたを何かでうまく引っかけようとしていたようです」と言うかもしれない。

　僕たちは，完全にフュージョンしてしまうと，自分で自分が何を考えているのかさえわからなくなる。思考に囚われてしまって，自分が思考を**持っている**ということさえ忘れてしまうのだ。だから，脱フュージョンのための最初のステップは，自分の思考に気づくことなのだ。思考に気づくことができれば，僕たちはすぐさま思考から距離をとれるようになる。セッションを通じて，僕たちはクライエントに，次のような台詞で質問をすることができるだろう。「あなたのマインドが何をしているかに気づくことができますか？」「しばらくの間，その思考に注目することができるでしょうか？」「再びその思考が現れたことに気づきましたか？　このセッションで5回目，もしくは6回目でしょうかね？」といった質問だ。

　そして，それに続いて次のような質問をすることもできる。「その思考はどのくらい古くからありましたか？」「その思考は何回，現れましたか？」「あなたが思考に囚われているときに，どのようなことが起こりましたか？」「そのような思考に対して，どのように反応すればよいと思い

ますか？　思考に対処することに時間とエネルギーを注ぎ続けますか？
それとも，今行っていることを続けましょうか？」

　この形式ばらないスタイルの脱フュージョンの美点は，明確に脱フュージョンを宣言しなくとも，脱フュージョンを引き起こし，それを強化するために，セッション中の至るところで使用できるというところにある。これは，クライエントの抵抗を弱めるだけでなく，セッションの有効性を最大化することにもつながる。

有効性についての質問

　有効性についての質問をすることは，脱フュージョンに非常に役立つ。そこには基本的に2つのステップが含まれている。

1. 思考に気づくこと
2. 思考に従って行動することの有効性を考えること

　ステップ1は，「たった今，あなたのマインドがあなたに何と言っているかに気づきましょう」と言うのと同じくらいシンプルだ。でも，ステップ2については少し慎重にならなくてはならない。「じゃあ，それはあなたにとってどう役立つのですか？」といったような極端な方向には走りたくないものだ。また，「そのように考えることは，あなたにとって役立つでしょうか？」とも尋ねたくはない。というのも，このような質問は，クライエントが，考えることを意識的に選択している，ということを暗に示しているからである。

　代わりに，クライエントの思考が普通で自然であることをまず認め，そのうえで，思考のほとんどは，自身の意識的なコントロールの外側にあることも伝えるようにしておきたい。そこで，「このように考えることは，まったく普通で自然です。私たちは誰もがこういった思考を持っているも

のです。あなたにお尋ねしたいのは，思考があなたの頭の中に浮かんでき
たときに，あなたが思考を強く握り締め，自分が行うことを指示するよう
にさせている場合，思考はあなたがなりたい自分になることやあなたがや
りたいことをすることの助けとなっているかどうか，ということなんで
す」と投げかけるだろう。

　また，有効性について質問するときの最も効果的なやり方は，価値の的
ワークシート（第6章を参照）を使いながら行うことだ。そのことについ
ても覚えておこう。たとえば，「もし，その思考を強く握り締め，あなた
の腕や足を使って行うことを，その思考に指示させた状態のままにするの
であれば，それはあなたを，価値の的の中心に近づけてくれるのでしょう
か，それとも遠ざけるのでしょうか？」と尋ねることができる。

偽の脱フュージョンを促してしまうこと

　セラピストは，ある2つの方法で，クライエントの偽の脱フュージョン
を促してしまうかもしれない。たとえば，僕たちはつい，クライエントに
対して，ネガティブな思考からは脱フュージョンすることを促し，一方
で，ポジティブな思考にはフュージョンすることを促す（一般的には，自
尊心を高める試みとして）などするかもしれない。つまり，セラピストが
混在したメッセージを送ることによって，クライエントに偽の脱フュージ
ョンをもたらしてしまうかもしれない。以下の例に示すように，クライエ
ントが，望まない思考や感情を取り除こうとするために脱フュージョンの
テクニックを誤用し，セラピストがそれを承認するようなときにも，こう
いったことが起こりうる。

　クライエント：これはすごいです。嫌な考えが本当に消えてなくなりま
　　　した。今，すごく気分が良いです。
　セラピスト：（微笑んで）そうですか，それは良いテクニックでしたね。

このようなセラピストの反応は，脱フュージョンの目的が，思考を消し去ることや，苦痛を伴う感情を低減させることである，ということを示唆してしまっている。僕たちはそんなふうにクライエントに伝える代わりに，そのような効果はよく起こるけれども，それはあくまで思わぬボーナスであり，それが主たる目的ではないことをさりげなく伝えるべきだ。

　もちろん，もし，クライエントが偽の脱フュージョンを練習し続けていたら，いずれ「うまくいきません」と言ってくるだろう。そんなとき，クライエントが言ったことの意味を尋ねると，クライエントは思考が消えず，感情も低減しなかったと報告するだろう。この段階で，本当の脱フュージョンの目的を説明するために，深い思いやりを持って，「思考＝手」と捉えるメタファーをクライエントに再び体験してもらおう。

セラピーを目覚めさせる３つの間欠泉

　セラピーが行き詰まったときに，いつでも立ち返ることのできる最もシンプルで強力な３つの脱フュージョンのテクニックが，碇を下ろすテクニック，思考を書き留めること，障害物コースのエクササイズだ。

碇を下ろす

　第3章でも紹介したけれど，碇を下ろすテクニックは，強くフュージョンしているどんな人にも強力なテクニックだ。以下に，例を示そう。

クライエント：僕にできることなんてありません。（うなだれる）時間
　　　の無駄です。希望がもてないんです。
セラピスト：（思いやりをもって話す）あなたは正しいです。今あなた
　　　がしていることを続ける限り，時間を無駄にしてしまうことでしょ

う。その代わりに，もっと効果的なことをしてみたいとは思いませんか？

クライエント：*(床を見つめる)* 僕にできることは何もないです。

セラピスト：*(優しく話す)* そうですね。またしても，あなたは正しいです。あなたが，たった今していることを続けている限り，あなたは，基本的には無力です。ですから，より効果的なことをしてみたいとは思いませんか？

クライエント：僕には，何をしたらいいかわからないんです。

セラピスト：私に，何か役に立ちそうな情報を示してほしいとは思いませんか？

クライエント：何も役に立ちません。僕にできることは何もありません。

セラピスト：*(優しく思いやりをもって話す)* そうですね，あなたには選択肢があります。床を見下ろし，「僕にできることは何もない」というようなことを言い続ける選択もあります。もしくは，より効果的であるかもしれない他の何かをするという選択もあります。

クライエント：*(床を見つめる)* でも，僕にできることはないと先ほど言いましたよね。

セラピスト：*(優しく辛抱強く話す)* わかっています。あなたは今，私にそれを何回か言いました。そして，あなたには選択肢があります。あなたは，このセッションの残りの時間，床を見つめ，自分が無力であると話し続けますか？　それとも，異なること，つまり，より効果的なことを試したいですか？　その選択は，あなた次第です。

クライエント：僕には，何の選択肢もないんです！

セラピスト：*(静かに思いやりをもって話す)* そうですね，まさに今，あなたは，自分に選択肢がないと言いながらそこに座っていることもできるし，何か異なったこと，つまり，実際に役に立つ何かを選

択することもできます。

クライエント：（*顔を上げる*）へえ，それはどんなことですか？

セラピスト：そうですね，そのひとつとして，あなたに，どのように碇を下ろすかを示すことができます。

クライエント：何をするんですか！？

このとき，セラピストはクライエントの注意を引くことに成功している。セラピストは，次に，感情の嵐のメタファーと，碇を下ろすテクニック（詳細は第3章を参照）を紹介し，次のように続ける。

セラピスト：それでは，今，私に教えてもらえますか。あなたは，すべてが無力で，無気力であるという考えに，以前と同じくらい，引きずりこまれている状態でしょうか？

クライエント：そうですね，その考えは，まだあります。でも，僕は，その考えに，そこまで引きずりこまれてはいません。

セラピスト：もし，これ（*目を手で覆う*）が，自分がいかに無力であるかについての考えに完全に囚われていることを意味し，これ（*手を膝に置く*）が，考えはまだあるけれども，ほとんど自分を悩ませていないということを意味するのだとしたら，たった今，あなたは，どのくらい考えに囚われているか，手を使って教えてもらえますか？

クライエント：たぶん，このあたりです。（*自分の手を，顔と膝の中間くらいの位置に保つ*）

思考を書き留める

思考を書き留めることのシンプルさとその強力さについては，第6章のオフトラック／オントラック・テクニックにおいてすでに確認した。この

方法は，クライエントが僕たちを混乱させることを言うようなときに，いつでも用いることができる。ここに例を挙げてみよう。

クライエント：本当に時間の無駄だった。人生も最悪，セラピーも最悪，そして，**あなたも最悪！**

セラピスト：おっしゃる通りです。あなたのマインドが言っていることを，今書き出してみてもよろしいですか？

クライエント：なぜですか？

セラピスト：考えをよりはっきりと観察することができますし，私たちが考えに対してどのように反応するかを選ぶこともできます。（*思考を書き留める*）いいですか，これがあなたのマインドが，たった今言ったことです。「本当に時間の無駄だった。人生も最悪，セラピーも最悪，そして，あなたも最悪！」。たった今，私たちには選ぶことができる選択肢がいくつかあります。これらの考えが真実であるかどうか議論することもできます。私には守りに入ったり，いらだったりする選択肢があるでしょう。自分が最悪ではないことをあなたに証明するよう試みる選択もあります。あなたのマインドが時間の無駄と言っているから，このセッションを中断する選択もありえます。もしくは，私たちにはこれらの思考がその瞬間にあなたの中に現れた思考であることを認め，ただそれを行ったり来たりさせておくこともできます。あなたは，どれが一番有効だと思いますか？

障害物コース

　思考を書き留めることで，障害物コースのエクササイズへと滑らかに移行させることが可能になる。この介入は，不安な思考や，無力な思考，自己評価的な思考に対してとりわけ有効である。次に示すやり取りは，セ

ラピストがすでに大きな紙にクライエントの最も困難な思考を 10 個ほど書き留めたところである。

セラピスト：これらは，あなたのマインドがあなたにささやき続けていることをまとめたものです。

クライエント：ええ。

セラピスト：私と一緒に少しエクササイズを行ってみませんか。変に思えるかもしれませんが，あなたはそこから多くのことを学べると思います。

クライエント：わかりました。

セラピスト：ありがとうございます。それでは，もしあなたが，この 1 枚の紙を持って（*クライエントにすべての思考が書かれた紙を手渡す*），そこに立ってもらったら（*クライエントを部屋の隅に誘導する*），特別な障害物コースを作ろうと思います。（*障害物コースを作るために，身の回りの物を移動しはじめる*）

ここにある椅子は，あなたの経済的問題です。あの椅子は，結婚に関する問題です。この本の山は，子どもたちとのトラブルです。そして，あのブリーフケースは，あなたの健康問題のすべてです。そして，こちらに，私がいる場所は（*障害物コースがちょうどセラピストとクライエントの間になるように部屋の反対側に立つ*），より良い人生，つまり，より豊かで，充実し，有意義な人生を表しています。でも，あなたがこの人生を得るためには，これらの障壁の中を確実に進んでいかなければならないでしょう。

まず，これらの考えに囚われながら，このコースを進んでいってもらいたいと思います。つまり，こんなふうにしてコースを進んでいってください。（*完全にコースが見えなくなるように，顔の前で直接，紙を持つ*）あなたに怪我をしてほしくないので，今から私が言うようにしながら，とてもゆっくりと歩いてくださいね。障害物

の中を進むときは，下を見ることは許されていません。あなたは，完全に考えに没頭していなくてはいけません。では，今から試してみましょう。こんなふうにコースを進むと周りがどんなふうに見えるのかを観察してみてください。（*クライエントは，紙を顔の前に持ちながら，ゆっくりとぎこちなく歩く。ためらいながらいくらか歩いた後，椅子の側面にドンとあたる*）そこにそのままでいてください。

うまくやりましたね。では，スタート地点に戻り，もう一度やってみてもらってもよろしいでしょうか。ただし今度は，その思考を脇に抱えてやってみてください（*クライエントは，スタート地点に戻り，紙を脇に抱えながら先ほどよりもスムーズにコースを進んでいく*）。

さて，この違いにお気づきになったでしょうか？　その考え自体は，変わってもいないし，なくなってもいません。ただ，あなたはそれを違った形で扱いました。あなたが考えに囚われていないときには，人生の問題に対処することは比較的簡単なんです。

ここまでくれば，クライエントは，たいてい自身の思考から脱フュージョンできている。それから，セラピストは，必要に応じて，形式的なものでも，形式ばらないものでも，もしくはその両方の脱フュージョンのテクニックを追加で紹介することができる。

スモールステップ

脱フュージョンで行き詰まったときには，アクセプタンスと共に，ゆっくりと進み，小さなステップを踏んでいこう。とりわけ，クライエントが少しでも，脱フュージョンしたように見えた場合は，それを強化することにベストを尽くしてほしい。たとえば，「今に留まっておられるようです

ね」「以前より，巻き込まれにくくなっているようですね」「空想の世界に入っておられたようですが，今は戻ってこられましたね」，もしくは，「おっ，どうやって囚われから自力で抜け出せたのですか？」などのコメントを行ってほしい。

　もちろん，このプロセスにおいて，僕たちにとっての最も大きなステップは，概念化された自己（内容としての自己とも呼ばれる）からの脱フュージョンだ。

　最初は，たとえば，「私は X である」もしくは，「私は Y ではない」などといった特定の自己評価から脱フュージョンし，その後，評価の一般的なプロセスから脱フュージョンする，そして最後に，概念化された自己から脱フュージョンする，といったように徐々に導いていくのがベストである。

ポジティブとネガティブの両方から
脱フュージョンする

　ACT においては，ネガティブなものからだけでなく，ポジティブな自己評価からも脱フュージョンするスタイルをとるものの，多くのクライエントはこれに対し困惑しがちだ。そうしたクライエントの理解を助けるために，次のような質問をするのがいいだろう。「『私は，世界で一番素晴らしい母親である』とフュージョンすることのリスクは何だと思いますか？もちろんそれによって高い自尊心を感じることができますが，その一方で，それに対し何を支払うことになるのでしょうか？」

　僕たちはたいてい，このような質問を通じてクライエントに寄り添って歩む必要がある。そしてクライエントには，次のようなことに目を向けてもらうことになるだろう。彼／彼女らがいかに現実とのつながりを失っているか，いかに自分についての完璧ではない側面を見落としているか，いかに自身の失敗に気づけておらず，そこから学び，成長することができて

いないか，そして，おそらくそうした彼／彼女らの信念を批判しそうな人物や情報からいかに切り離されているか，ということだ。また，「『私が一番で，私はどんなことについても最善の方法を知っている』という考えとフュージョンしているような人物と，今まで仕事を一緒にしなければならなかった経験はありますか？　それはどんな体験でしたでしょうか？」と質問することもできるだろう。別なアプローチとしては，「『俺は，並外れたドライバーで，たとえ酔っていたとしても，卓越したスキルで運転できる』という思考にフュージョンすることのリスクは何でしょうか？　それは高い自尊心と言えますが，そのような自尊心は，人生をより良いものとより悪いものの，どちらにするでしょうか？」と質問できるだろう。

　自分のポジティブな人柄や強みに気づいておくことは言うまでもなく重要であるけれど，もし，それらにフュージョンして，その思考を輝かしいもののままにしようとすれば，確実に問題を引き起こすことになる。このポイントを際立たせるために，すでに紹介した障害物コースのエクササイズの修正版をごく簡単に行う方法もある。紙一面に，クライエントは5つのポジティブな自己評価（たとえば，「私は寛容である」「私は良い母親だ」など）を書いてもらう。裏の一面には，5つのネガティブな自己評価（たとえば，「私は愚かだ」「私は悪い母親だ」など）を書いてもらう。まず，クライエントは，ネガティブな思考に囚われながら，障害物コースをしっかりと進む。それから，紙を裏返して，再びコースを進むのだけれど，今度はポジティブな思考に囚われながら進む。フュージョンする思考がネガティブだろうとポジティブだろうと，障害物の中を進むことは等しく難しいということに気づいてもらうのだ。でもやはりここでも，クライエントが紙を脇に抱え，ポジティブな思考とネガティブな思考の両方から脱フュージョンした場合には，前に進むことはずっと容易になる。そして，セラピストはエクササイズを次のようにまとめる。

セラピスト：このように，ネガティブな自己評価とフュージョンするこ

とで生まれる低い自尊心と，ポジティブな自己評価とフュージョンすることで生まれる高い自尊心の両方ともが等しく問題となりうるわけです。それに代わって僕たちが目指すべきは，自分自身へのアクセプタンスです。言い換えれば，自分自身についての**すべて**の物語をとても軽やかに持つことにして，ネガティブな考えやポジティブな考えに執着しないということです。

さあ，実験だ！

- 「思考＝手」と捉えるメタファーと障害物コースのエクササイズの両方を，まずは自分自身に実践したうえで，クライエントに対しても用いてみよう。
- セッションの中で形式ばらない脱フュージョンを行うための読者独自の言い回しをいくつか作り出してみよう。
- 脱フュージョンを促すために，有効性の質問と一緒に価値の的ワークシートを用いてみよう。
- 読者自身のセッションにおいて，偽の脱フュージョンを促してしまっていないかを振り返ってみよう。もしそうであるなら，これからはどんな違った方法ができるだろう？
- 脱フュージョンの取り組みが行き詰まったときには，トリフレックスの上の角にある，「今，ここに，いる」に立ち返ろう。

第11章

自己に行き詰まる

大まかに言って，ACT では，クライエントにおける自己にかかわる課題に取り組むために，3つの主な自己をターゲットとする。これらは，ラベル化された自己，発展途上の自己，切り離された自己と呼ばれている (Harris & McHugh, 2012)。

ラベル化された自己

前の章の最後でも触れたように，自己のラベル（たとえば，「私は馬鹿だ」もしくは「私は賢い」）にフュージョンすればするほど，人生はより困難なものになる。たとえ，そうしたラベルがポジティブであってもネガティブであってもだ。それは，自分自身がラベルそのものとなってしまって，そのラベルが自分を定義し，それが自分にできることやなれるものを規定していると信じ込んでしまうからだ。そして，最終的には，ラベルのすべてが「これが私である」といった大きなひとつの物語となって，物語そのものにフュージョンしてしまう。専門的に言えば，これは，概念化された自己，もしくは，内容としての自己として知られている。

「ラベル化された自己」は，自己のラベルにフュージョンしているときに体験する自己についての限られた感覚を意味する。抑うつを抱えた人の場合，ラベル化された自己は，「私は，価値がない［無能だ，愛されない，惨めだ，重荷だ，など］」といったように，その大部分はネガティブ

なものになる。一方で，自己愛性パーソナリティ障害を抱えた人では，ラベル化された自己は，「私は，素晴らしい［魅力的だ，賢い，他の誰よりもすぐれている，など］」といったように，大部分はポジティブなものになる。

　自己のラベルにフュージョンすればするほど非柔軟になって，そうしたラベルが自身を定義づけることで，よりいっそうその人は制限されるようになっていく。たとえば，長きに亘って成功してきた経歴をもつものの，退職後になって苦悩しているクライエントについて考えてみよう。その問題の大部分は，多くの場合，そのクライエントが職業のラベル（たとえば，「私は警察官だ」もしくは「私は教師だ」）に強くフュージョンし続けていることにある。クライエントは，新しいラベル（「私は退職者である」）を**自分は無能である**ことと同等とみなしているがために，そのラベルを必死に回避しようとするわけだ。

　今度は，「脆弱な」自尊心をもった成績優秀者について考えてみよう。彼らは，自分が物事をうまくこなしている限りにおいては，「私はチャンピオンだ」というラベルにフュージョンし，高い自尊心を保つことができる。でも，ひとたび自分のパフォーマンスが低下するとすぐに，「自分は敗者だ」というラベルにフュージョンし，自尊心が急落することになる。

　最後に，回避行動の理由に自己のラベルを使っている多くのクライエントについて考えてみよう。そこで挙げられる回避の理由には，「私は抑うつ［双極性，アルコール依存，強迫性，不安すぎる，十分に自信がない，性的虐待の被害者，兵役経験者など］だから，そうすることができない」といったものが挙げられる。

発展途上の自己

　なかには自分自身のことをほんの少ししかわかっていないクライエントもいる。もし，そのようなクライエントに対して，どのように感じている

か，何が重要なのか，何に関心があるのか，何をしたいか，自分の意見や好みは何か，もしくは，人生から何を得たいと考えているか，などを質問したとしても，「わかりません」という答えが返ってくるだけだ。このような状態を，「発展途上の自己」として捉えることができる。つまり，「私は何者で，私は自分が何をしたいのかわからない」といったような状態だ。そのようなクライエントは，ほとんど，あるいは，まったくもって方向性や目的がない状態で人生を過ごしている。彼らは，多くの場合，人間関係においても非常に受身的で，自分自身のニーズに気づかないのに，相手のニーズに合わせることばかりに焦点をあてている。さらに，彼らは自分の感情についての理解が未発達だ。これは，自らの感情に気づき，理解し，名前をつけることの能力が限られることを意味している。さらに，多くの場合，自らの思考に対してもほとんど気がつかない。そのため，「たった今，あなたはどんな考えをもっていますか？」と尋ねてみても，たいてい，「わかりません」「何も考えていません」などと答えるだろう。

　このようなクライエントの多くは，いわば「回転草」*的なライフスタイルをもっていて，風に吹かれてどこへでも転がっていき，なかには非常に成功する人もいる。それでもその成功は，自分自身の人生を形づくるための価値に沿ったマインドフルな行為を通じてもたらされたというわけではない。むしろ，たいていの場合，他者（たとえば，両親，宗教，文化）の信念，希望，期待，義務，命令を固く遵守することによってもたらされたものである。そのため，これらの成功に，しばしば空虚感，不満，無意味さがつきまとうことは驚くにあたらないだろう。

切り離された自己

　もし，クライエントが，相手に共感し，思いやり，別の視点から物事を

＊訳注：回転草（タンブルウィード）とは，よく西部劇で見る，乾燥した地面を転がっている干し草が集まって丸まったような形の植物のこと。

見つめ，相手の心がどのように動いているかを理解する能力に欠けていたならば，その人が豊かな人間関係を築くのは難しいだろう。そうしたクライエントは，他者から切り離され，自分だけの世界の中で生きていくことになる。「切り離された自己」は，他者の感情，欲求，動機を誤解すること，それらに気づくことができないこと，もしくは無視することから生じるあらゆる人間関係の葛藤のなかで現れる。ナルシシズムやアスペルガー症候群に一般的に見られるような，共感や他者視点の欠如が，この例として挙げられるだろう。

自己の問題をターゲットとする

上述した3つの自己の問題は，しばしば重なって生じるということを心に留めておこう。たとえば，洞察や自己への気づきの欠如（発展途上の），他者に共感し理解することの欠如（切り離された），自分自身を無価値で愛されないと評価すること（ラベル化された）を示すような，重篤な抑うつのクライエントに出会うことは珍しくない。実際，僕たちは誰もが，ある程度はこれら3つの領域に問題を抱えているといえる。そして，ACTではこれらの自己それぞれを別々にターゲットとして介入する。

ラベル化された自己に対しては，まずは脱フュージョンを用いて扱っていく。最初に，クライエントが自分自身についての価値判断から脱フュージョンできるよう手助けする。その後で，価値判断のプロセスから脱フュージョンできるよう促し，最後に概念化された自己全体から脱フュージョンできるよう支援する。

発展途上の自己については，まずは，今この瞬間との接触を通して扱っていく。言い換えれば，クライエントに，非常に多くのことに気づきを得てもらうのだ。具体的には，どのように感じているか，何を考えているか，何に関心があるのか，何が好きか，何を楽しむか，何が好きでないのか，何を楽しめないのか，何に感謝しているか，自分の意見や好きなこと

は何か，必要としていることは何か，自分の強みはどのようなものか，といったことに対して，マインドフルに，つまり，オープンに好奇心をもって，注意を払ってもらう。価値の明確化は，ここでは非常に重要な役割を担う。つまり，セラピストは，クライエントに自分の中で起こったことに気づいてもらい，それを言葉で表現し，そして，ゴールや行動へと翻訳することを手助けするのだ。

切り離された自己については，柔軟な視点取得のトレーニングを通して扱っていく。具体的には，共感の基礎となる練習を行ったり，別の視点から物事をどのように捉えるかを教えたりする。このように言うと，「でも，ちょっと待って！」とあなたは声をあげるだろう。「『柔軟な視点取得』とは，いったいどういう意味？」と。そう，それは良い質問だ！

柔軟な視点取得：
文脈としての自己の「拡張された」定義

文脈としての自己（self-as-context；しばしば，観察する自己，観察者の自己，意識する自己，静寂な自己とも呼ばれる）は，セラピストにとっても，クライエントにとっても，ACT のモデルのなかで最も扱いづらい要素だ。この本を書いている時期（2013 年の前半）には，書籍，論文，セルフ・ヘルプブックなどのほとんどの ACT の文献が，自己の領域における，ある特定のアウトカムという観点から，文脈としての自己についての定義もしくは議論を行っている。それらは，超越的な自己，観察する自己，観察者の自己，静寂な自己，と一般的に呼ばれる体験のことを指している。

これらの書籍では，皆だいたい同じような表現で，文脈としての自己が説明されている。文脈としての自己は，思考と感情を観察し，受容するための，安全かつ持続的な視点を提供してくれる超越した感覚としての自己，と記述されているのだ。

でも実は，それとは異なる文脈としての自己の定義も存在する。それはACTのなかで紹介されることは少ないのだけれど，RFT（RFTは，relational frame theory の略称であり，ACTの背景となる言語や認知における行動理論である）のなかでそれは説明されることが多い。この代替的な定義では，文脈としての自己の概念を大幅に拡大していて，アウトカムというよりプロセスという観点から文脈としての自己を定義している。つまり，それは「柔軟な視点取得」のプロセスだ（もし，あなたが混乱したのであれば，それもそのはず，さらに読み進めてもらうことで，すべてが明確になるだろう）。文脈としての自己をプロセスとしてとらえるとき，超越的な／観察する自己は，脱フュージョンやアクセプタンス，思いやり，共感，その他の多くのことと同じように，多くの生じうるアウトカムのひとつにすぎない。

次に示すのは，代替的な「拡張された」定義だ（Hayes, 2011）。

> 「文脈としての自己とは，一群の指示的関係（とりわけ，「私」「今」「ここ」）が寄せ集まり，柔軟な社会的な広がりをもったものである。それは，ある視点もしくはある観点から物事の観察や記述を可能にするものである。文脈としての自己は，心の理論，共感，思いやり，セルフ・コンパッション，アクセプタンス，脱フュージョン，自己の超越した感覚を含むさまざまな体験を可能にする，もしくは促進する」

これは実際のところ，一体何を意味するのだろう？　基本的に，文脈としての自己は，誰に対しても，そして何に対しても，「私，今，ここ」の視点から観察する能力のことだ。これは，次に示す図を，しっかりよく見てもらえれば理解してもらえるだろう。まず，中央のボックスから読み始め，外側のそれぞれのボックスを慎重に読み進めてみよう。

願わくは，読者はこの図を通して，（おおまかに言えば）文脈としての自己が「私，今，ここ」の視点から観察もしくは記述する能力である，と

第 11 章　自己に行き詰まる　205

セルフ・コンパッション
私，今，ここ が そこ
で 痛みを伴う感情
に気づき，思いやりを
もって応じる

今との接触
私，今，ここ が 他の何か
に気づく
（他の何か＝私，今，ここ
が考え，感じ，見て，聞いて，
触って，味わって，匂いを嗅
いで，もしくは，行うことの
すべて）

内なる子ども
私，今，ここ が 過去
の時間の 若かった自己
に戻ることを想像し，
そのとき，そこにいた
私 に優しく接する。

慈しみ
私，今，ここ が そこ
で 他者 が苦しんで
いることに気づき，思い
やりをもって応じる

心の理論
私，今，ここ が 他の
誰か が考え，感じてい
ること，何が彼らの動機
づけを高めるのかを想像
する。

脱フュージョン
私，今，ここ が そこ
で 思考 に気づき，
それを文字やイメージで
あると認識する

**文脈としての自己
「私，今，ここ」**
私 は *他者* とは異なる
（他者 ＝ あなた／彼／
彼女／それ／彼ら／他の誰
か／他の何か，など）

ここ は *そこ* とは異なる
今 は *そのとき* とは異なる

共　感
私，今，ここ が，他
の誰か が考えたり，感
じていることに気づき，
私もそれを感じる。

**内容としての自己からの
脱フュージョン**
私，今，ここ が そこ
で 「私は誰であるか」
ということについての
思考 に気づき，それを
文字やイメージであると
理解する。

価　値
私，今，ここ が 私に
とって重要で，意義のあ
ることに気づき，それを
言葉に表す。

アクセプタンス
私，今，ここ が 思考
と 感情 に気づき，
それらと和解する。

超越的な／観察する自己
私，今，ここ は 他のすべ
て の観察者である。（他の
すべて＝ 身体，思考，感情，
そして外的な世界）

コミットされた行為
私，今，ここ が 自分
の行為に気づき，コント
ロールする。

いう意味が理解できるだろう。そこで、僕たちは文脈としての自己を柔軟な視点取得として捉えることができるわけである。それは多くの心理学的なプロセスを支えるもので、超越的な／観察する自己もそのなかのひとつにすぎない。

そういった意味で、文脈としての自己はマインドフルネスの中核だといえる。僕たちは、何かに気づき、注意を払い、観察し、意識を向け、焦点をあてたり、何かを意識したりするときはいつでも、「私、今、ここ」の視点からこれらを行っている。実際、文脈としての自己は、他のすべてのマインドフルネスのプロセス（たとえば、脱フュージョン、アクセプタンス、今この瞬間との接触）を確立する土台といえるかもしれない。

さらに、どのマインドフルネスのプロセスを練習しているときであっても、僕たちは、それと同時に、文脈としての自己を発展させているともいえる。このような2つの道筋によって、文脈としての自己は、僕たちがそれを自覚しようがしまいが、すべてのセッションにそれは注ぎ込まれている。つまり、すべてのマインドフルネスの側面のみならず、価値やコミットされた行為（図を参照）においてもまた、文脈としての自己は内在しているのだ。

まとめると、文脈としての自己は、もはや、観察する／超越的な自己のことを意味するものではない。そして10年後には、ACT の新しいテキストが書かれ、古いテキストは改訂され、アップデートされて、読者はこの新しい定義の広まりを目の当たりにすることだろう。それでも多くのACT のプロトコルには、超越的な／観察する自己の体験を促進するための文脈としての自己の一部しか、明確には含まれていない。すると、結果的にセラピストとクライエントの双方がそこで行き詰まることになる。それでは次に、何が問題になるかを見ていこう。

超越に行き詰まる

僕たちが超越的な自己のワークで行き詰まる主な3つの点は次の通りだ。

- 超越的な自己を，どのタイミングで，なぜ提示するかが十分理解できていない
- 超越的な自己の提示方法を複雑にしすぎている
- 超越的な自己についてのクライエントの反論に，混乱させられている

超越的な自己のワークを，どのタイミングで，なぜ提示するのかをきちんと理解しておく

超越的な／観察する自己を明示することに手こずってしまうのはなぜだろうか？　僕たちは本当にそれをする必要があるのだろうか？　たしかに，すべてのクライエントに，このワークを行う必要はなく，ありとあらゆる ACT のプロトコルに含まれているわけでもない。それでも，超越的な／観察する自己のワークを用いることには，次のような少なくとも4つのメリットがある。

- 脱フュージョン，とりわけ概念化された自己からの脱フュージョンの助けとなる
- アクセプタンスの助けとなる。「それはあなたの中の『安全な場所』です。その場所では，あなたは，オープンになることができるし，困難な感情のためにスペースを作ることができます。そして，困難な感情に流されることなく，それらが行ったり来たりすることを観察することができる場所でもあるのです」
- 超越的な体験は，スピリチュアリティの重要な側面でもある。「私た

ちは，単なる考えや感情，そして身体以上の存在なのです」
- トラウマ体験のサバイバーにとって，超越的な自己は強力な体験となる。「あなたの一部は，傷を受けずに生き抜いてきたのです」

　もちろん，最初の2つのポイント（脱フュージョンの助けとなることと，アクセプタンスの助けとなること）は，超越的な／観察する自己について言及しなくても，簡単に達成できることだろう。もし，クライエントに脱フュージョンとアクセプタンスのスキルを発展させることを助けることが目的ならば，観察する自己をはっきりと思い起こさずとも活用できる無数のテクニックが存在する（もちろん，それらすべてのテクニックにおいて，観察する自己は内在している）。でも，もしクライエントがスピリチュアリティの特定の側面に接触することを手助けすること，もしくは，トラウマ体験のサバイバーに対して最も効果的なサポートをすることを望むのであれば，そのときは，観察する自己を明確に用いていく必要がある。ここでのポイントは，その説明を，必要以上に複雑にすることなく行う方法を見つけることにある。

シンプルでありつづける

　ACTのどの入門書にも，超越的な／観察する自己を発展させるためのさまざまなエクササイズやメタファーが載っている。でも，そこで紹介される方法の多くは，非常に複雑で，ただでさえ行き詰まっているクライエントを容易に混乱させてしまう。このようなクライエントのために，僕はあるシンプルなエクササイズ（「気づいていることを意識する」）とあるシンプルなメタファー（舞台劇のメタファー）を使っている。以下に，それぞれの会話のやり取りを示そう。
　「気づいていることを意識する」エクササイズでは，セラピストは，クライエントにまず快適な姿勢を探し，椅子の背もたれに背筋をまっすぐ伸

ばして座り，足を床につけ，目を閉じるか，一点を見つめてもらうようにする。セラピストは，ゆっくりと話し，それぞれの指示のあとは，少なくとも10秒の小休止（……によって示されている）を挟む。

> **セラピスト：**自分の呼吸に気づいてください……そして，あなたが気づいていることを意識してみてください……あなたが考えていることに気づいてください……そして，あなたが気づいていることを意識してください……あなたが聞こえているものに気づいてください……そして，あなたが気づいていることを意識してください……あなたのマインドがあなたに話しかけていることに気づいてください……そして，あなたが気づいていることを意識してください……あなたがあなたの足に感じているものに気づいてください……そして，あなたが気づいていることを意識してください……あなたが抱いている思考に気づいてください……そして，あなたが気づいていることを意識してください……そして，その他のものすべてに気づいているあなたの一部がそこにあることに気づいてください。

セラピストはこのエクササイズを終え，次は舞台劇のメタファーを導入する。続きを以下のように示す。

> **セラピスト：**人生は，舞台劇のようなものです。その舞台上には，あなたのあらゆる考えや感情，さらには，あなたが見て，聞いて，触って，味わって，匂いを嗅ぐことのできるすべてのものがあります。そして，一歩下がってみるとそうした劇を鑑賞するための場所があります。そこは舞台のあらゆる部分にズームインすることもできますし，ズームアウトして大きな写真を撮ることもできます。あなたのなかのこうした場所について説明するのに，ぴったりの日常語を見つけることは難しいです。私はこれを「観察する自己」と呼ぼう

と思いますが，あなたには，それを好きなように呼んでいただいて
かまいません。

これら2つの介入の素晴らしいところは，観察する自己を発展させたい
と望んでいるときに，これらのエクササイズを簡単に他のマインドフルネ
スのエクササイズに組み込むことができる点にある。たとえば，マインド
フルに食べるエクササイズの中で，「そして，舌の上にその味を感じた
ら，**気づいていることに意識してください**」と言葉を添えることもできる
だろう。同じように，脱フュージョンのエクササイズにおいても，「そし
て，考えが浮かんでくることに気づいたら，**それに気づいていることに意
識をしてください**」と言うこともできるだろう。さらに，舞台劇のメタフ
ァーではあらゆるマインドフルネス・エクササイズを，始めたり，終わら
せたりすることもできるのだ。

観察する自己に関するよくあるクライエントからの 反論に対処する

次に示すやり取りでは，クライエントは，観察する自己について反論
し，それにもがき，はねつけている。そして，それに対し，僕たちがどの
ように対応できるかに焦点をあてている。

クライエント：私にはわかりません。あなたが何を話しているのか理解
　　　できないんです。私が言いたいのは，それが実際に何で**ある**のかと
　　　いうことです。
セラピスト：そうですね。あなたは，ご自身がどの程度混乱しているか
　　　に，気づくことができますか？
クライエント：はい。
セラピスト：そして，あなたは，失望やいらだちに気づくことができる

でしょうか？

クライエント：はい。

セラピスト：では，あなたは，どのようにして，頭を縦に振り，はいと言っているかに気づくことはできるでしょうか？

クライエント：はい。

セラピスト：そして，あなたは，私に話をしているときのご自身の身体の姿勢に気づくことができるでしょうか？

クライエント：はい。

セラピスト：それでは，あなたは，自分自身が考えていること，つまりは，「セラピストはいつ肝心なことについて語り始めるのだろう」といった思考にも気づくことができますか？

クライエント：はい。

セラピスト：わかりました。すべてのことに気づいているあなたの一部がここに存在しています。それがすべてなのです。それは，魔法でも，超常的なものでもなく，気づいているあなたの一部にすぎないのです。

クライエント：*(ホッとして，驚いた様子で)* あぁ。

セラピスト：あなたは，今，自分が安心したことに気づくことができましたか？ *(クライエントは，クスクスと笑う)*

＊　　＊　　＊

クライエント：でも，それはどこなんですか？

セラピスト：それは特定の場所を持っていません。もし，あなたの脳をスキャナーに入れても，それがどこにあるかはわからないでしょう。あなたは，思考がどこにあると思うのかに関する思考を作り出すことはできます。けれども，それは，すべての思考に**気づいてい**るあなたの一部分でしかありません。

クライエント：まったく理解できません。

212 第2部　クライエントを行き詰まりから解き放つ

セラピスト：それでは，あなたは，この話があなたには理解できない，
　　ということに気づきましたね？

クライエント：はい。

セラピスト：そして，あなたは，自分自身が，私の話を理解しようとし
　　ていることにも気づくことができるでしょうか？（*最初のやり取り
　　のように，「気づくことができますか？」という質問を続ける*）

クライエント：でも，それは私のマインドではないですよね？

セラピスト：そうですね。あなたは「はい」と言うことができた。でも，
　　私たちが今ここでしようとしていることは，マインドに対する
　　2つの異なった側面を理解することです。つまり，考えるという特
　　徴を持つ考える自己と，観察するという特徴を持つ観察する自己で
　　す。

クライエント：私にはわかりません。それらは，同じように思えます。
　　それらが2つの異なったものには思えません。

セラピスト：そうですね，厳密に言えば，それは正しいです。私たち
　　は，あなたのマインドを引き裂くことはできないし，それぞれ分離
　　した考える自己と観察する自己を見つけることもできません。で
　　も，このことは確認してみてください。たった今，あなたは，これ
　　について一生懸命に考えていますよね？

クライエント：はい。

セラピスト：そして，あなたがこれについて一生懸命考えていることに
　　気づくことができますか？

クライエント：はい。

　そして，セラピストは，最初のやり取りのように，「あなたは気づくこ
とができますか？」という質問を続ける。

*　*　*

クライエント：それでは，もし，私がマインドではないのであれば，私はいったい誰なんですか？

セラピスト：あなたは，ひとつの存在であり，物理的な自己つまり身体と，考える自己つまりマインド，さらには，観察する自己つまり身体とマインドに気づくことができるあなたの一部分で成り立っています。けれども，あなたの中にバラバラになった断片が存在しているわけではありません。単にそのような言い方をしているだけです。もし，私たちが，あなたをスキャナーに入れたとしても，考える自己，観察する自己，身体的な自己を別々の部分として見つけ出すことはできません。あなたは，ひとつの存在であり，マインド，身体，観察者で構成されているのです。

＊　＊　＊

クライエント：*（興味がなさそうに，皮肉を込めて話す）* 大したものですね！　で，それが何か？

セラピスト：それが何か？　そうですね，良い質問です。一般的に，人というのは，何が自分を突き動かすのかを知りたいと思っている，という仮説のもとで私は働いています。ですから，観察する自己というのは，私たちのなかで非常に強力な資源，すなわち，私たちがマインドフルネスを練習するときに常に使うものとなるので，是非ともみなさんに，観察する自己に気づいてもらいたいと思っているんです。もしあなたがそのことに興味をお持ちでないならば，それはそれで非常に素晴らしいことです。ここでのポイントは，あなたがそれを興味深いと思うかどうかではなく，それは常にあるということであり，あなたはセッションの至るところで，それを使っている，ということなのです。でも，あなたが望むのであれば，何度もそれについて話さなくてもよいでしょう。

さあ，実験だ！

- 「気づいていることを意識する」エクササイズと，舞台劇のメタファーを練習しよう。まずは，自分自身で試してみて，それからクライエントとのセッションの中に加えてみよう。
- この章のセラピストの台詞を読み返して，読者が自分のセッションの中で，必要に応じて用いることができるように，適宜修正しながら練習してみよう。
- 「自己の問題」を抱える2人のクライエントを取り上げ，彼らの問題を，発展途上の自己，切り離された自己，ラベル化された自己の観点から考察してみよう。読者は，これらの自己のレベルに対して，それぞれどのような介入をするだろうか？

第12章

動機づけのないクライエントを動機づけよう

　読者はこれまでに，前進が難しそうな動機づけの低いクライエントを担当したことがあるだろうか？（もちろん，あるだろうけれど！）本章では，動機づけのないクライエントを動機づけるための10の強力な方略について見ていこう。

1. ゴールと価値をつなげる
2. 効果的にゴールを設定する
3. スモールステップを踏む
4. むちではなく，あめを使う
5. 障壁を予測する
6. 代償に直面させる
7. ウィリングネスを育む
8. 「理由づけ」から脱フュージョンする
9. サポートを得る
10. リマインダーを使う

　それぞれの方略について見ていくにあたって，まず，ゴールにたどり着けずに何度も失敗しているクライエントを思い浮かべてほしい。そこでのゴールには，さまざまなマインドフルネス・スキルを積極的に練習するこ

と（たとえば，マインドフルに呼吸する，または空にある雲のように思考が浮かんでいる様子を想像する），他の重要な生活上のスキルを高めること（たとえば，アサーション，問題解決スキル，または葛藤解決スキル），あるいは価値に導かれた行動をたどりはじめること（たとえば，誰かをデートに誘う，仕事に応募する，またはジムに行く）が含まれるだろう。そして，以下のいずれかの方略に移る**前に**，僕たちはまず，クライエントに対して，思いやりを持ち，敬意を表し，変わることの難しさやストレスについて承認するように対応することを前提にしておいてほしい。

方略1 ゴールと価値をつなげる

　価値は新しいスキルの練習を続けることや，困難なゴールの追求を支えることに役立つ深い動機づけを与えてくれる。仮に課題が，うんざりするものだったり，飽き飽きするようなものだったり，あるいは不安を喚起するようなものであってもだ。そこで，そういった目的のために，僕たちはクライエントに「もう一度確認させてもらってもよろしいでしょうか？これは本当にあなたにとって大切なことですか？」と尋ねるかもしれない。もしクライエントが，それが大切でないと答えたとすれば，「それでは，なぜ私たちはこのことに時間を割いているのでしょうか？　あなたにとって本当に大切なことに向かって進んでいきましょう」と応じることができるだろう。

　もしクライエントが，それは大切だと答えたならば，僕たちは「それは興味深いですね。それはなぜ大切なのでしょうか？　つまり，そうしようとあなたが考えるほど大切なこととは，何なのでしょうか？」と応じることができるだろう。最終的に，僕たちは，そうした行動が何のためなのかを明確にしたいのだ。たとえば，なぜ，読者は各章の最後にある「さあ，実験だ！」をわざわざするのだろう？　その根底にある価値は何なのだろう？　それは思いやること，つながること，貢献することに関するものだ

ろうか？　他者を助けること，世界にポジティブな変化をもたらすことに
関するものだろうか？　もし僕たちが，新たな行動を，個人的に意味のあ
る何かとつなげることができるとしたら，僕たちがその行動を行う可能性
はずっと高くなる。

方略2　効果的にゴールを設定する

効果的にゴール設定をすれば，それに向かって行動する機会を大きく伸
ばせることがたくさんの研究から明らかになっている。SMART とは，ゴ
ール設定のためのシンプルな頭字語だ。

S = Specific（具体的）:「どういった具体的な行動に取り組みますか？」
M = Meaningful（有意義）:「それを行っているときに，どのような価
　　値に沿って生きていますか？」
A = Adaptive（適応的）:「その行動は，あなたの人生に，どのように
　　適応できるでしょうか？　どんな利点がありそうですか？」
R = Realistic（現実的）:「時間，エネルギー，お金，身体的健康，社会
　　的サポートといった，今利用できる資源について考えたとき，そ
　　のゴールは現実的なものでしょうか？」
T = Time-framed（時間枠）:「何日，何曜日，何時にそれを行い，そ
　　してどのくらい時間がかかりそうでしょうか？」

Specific（具体的）　もしゴールが漠然としていて，具体的でない場合
には（たとえば，「私は今週，子どもたちと絶対にそこに行く」），それが
達成されたのか，されなかったのかを知ることが難しくなってしまう。僕
たちは，クライエントが具体的なゴールを設定すること，あるいは漠然と
したゴールをより具体的なゴールに変えることができるように手伝うこと
ができる（たとえば，「私は，金曜日の午後4時に帰宅して，子どもたち

218　第 2 部　クライエントを行き詰まりから解き放つ

を公園に連れていき，バスケットボールをする」）。

Meaningful（有意義）　もしゴールが有意義なものでなかったとしたら，つまり，ゴールが価値とつながっていなかったとしたら何が問題になるのだろう？　僕たちは，クライエントが有意義な新しいゴールを設定できるように支援することもできるし，今のゴールと価値とを明確につなげて，そのゴールを有意義なものにするよう支援することもできる（たとえば，「これをすることは，母親として，もっと愛情深く，思いやりを持っていたいというあなたの強い願いと一致していそうですか？」）。

Adaptive（適応的）　もしゴールが効果的ではなさそうなら，つまりその代償が報酬を上回ることになりそうであるならば，僕たちはまずクライエントがそのことを認識できるようにしたうえで，ゴールを変えるように支援する。たとえば，価値が「正義」であり，ゴールが「俺を不当に扱う人を殴る」であるような場合，これは明らかに不適応的なものになる。クライエントには，メリットをはっきりとさせておき，さらにゴールが何であるかということを思い出してもらおう（たとえば，「このマインドフルネス・スキルを練習することによって，あなたが不安を喚起するような状況に，効果的に対処できるようになるでしょう」）。

Realistic（現実的）　もしゴールが現実的なものでないのであれば，クライエントが，利用可能な資源を考慮した現実的なゴールへと修正できるよう支援する。もしそれが不可能であるならば，僕たちはそのゴールを一旦中止し，そして新しいゴールを設定することを勧める。そうした新しいゴールは，元々のゴールとは関係のないものであるかもしれないし，元々のゴールを達成するために必要な資源を得ることになるかもしれない。

Time-framed（時間枠）　時間的な枠組みは，ゴールを具体的にするの

第12章 動機づけのないクライエントを動機づけよう 219

に役立つ。

方略3 スモールステップを踏む

「千里の道も一歩から」というように，もしゴールが大きすぎるようなら，僕たちはクライエントがそのゴールをより細かくできるよう支援することができる。10分の練習が長すぎるのであれば，5分に減らせばいい。毎日それをすることが現実的でないならば，おそらくクライエントは2，3日に1回や，1週間に1回ならできるかもしれない。

心理学者であるカーク・ストローサルから教わった役に立つ質問を紹介しよう。一旦，クライエントと一緒にSMARTなゴールを設定したら，「10点が"何があろうと間違いなくできる"，0点が"まったくできる見込みがない"だとしたら，0点から10点の中で，実際にどの程度これを実行することができそうでしょうか？」と尋ねるのだ。もしクライエントが7点未満の数字を答えたとしたら，そのゴールはより細かく，簡単なゴールに変えておくに越したことはない。

方略4 むちではなく，あめを使う

多くのクライエントは自分自身に対して，厳しくする，価値判断する，自己批判的でいる，懲罰的でいることで，自分自身を動機づけようとする。そのようなクライエントには，「もし自分自身を打ちのめすことが，行動を変えるための良い方法だったとしたら，すでに今の時点で，あなたは完璧になっているはずではないでしょうか？」と僕なら尋ねてみたい。

僕たちはクライエントに「むちを手放す」ことを教えることができる。つまり，過度な期待や厳しい自分自身への価値判断からクライエント自身を解放し，その代わりに自分へのアクセプタンスとセルフ・コンパッションを教えるのだ。そうして，クライエントの活動と価値をつなげ，起こり

うるポジティブな結果について考えを巡らせることで，僕たちはクライエント自身が「あめ」をつくりだすことができるよう支援する。たとえば，僕たちは「もしあなたがこれを行うとしたら，それは何を意味していることになりそうですか？」や「もしあなたがこれを行うとしたら，長期的にはどのようなメリットがありそうですか？」と尋ねることができる。

　僕たちはまた，クライエントには正しい方向に向かうどんなに小さなステップについても，それを認めてほしいと思っている。言い換えるなら，クライエントには，自身の行動に対する正の強化の仕方を示したいということなのだ。僕たちには，クライエントに自分の行っていることに目を向けてもらい，自分の活動が人生にどのような変化をもたらしているかに気づくよう働きかけることができる。さらには，最後までやり通したことに対して，クライエントが自分自身に報酬を与える方法について探ってみるよう働きかけることもできる。その報酬は，日記を書き続けたり，支えになってくれている人に進捗を報告したり，自分自身に「お見事！　よくやった！」と言ってあげたりするような単純なことなのかもしれない。

方略5　障壁を予測する

　クライエントがゴールにコミットするとき，「そのゴールを邪魔しそうなものは何ですか？」と尋ねることが役に立つ。ことわざにもあるように，"転ばぬ先の杖"ということだ。一旦，活動への障壁を特定したなら，その障壁をうまく迂回する方法を計画することができる。たとえば，「あなたの人生において大切な人は，あなたがそうしようとするのを思いとどまらせようとしてきそうですか？」と尋ねることができるだろう。もしクライエントがそうだと言えば，アサーティブに応答するやり方をセッションのなかでリハーサルすることができる。あるいは，「金銭面では，何か障壁がありますか？」と尋ねることもできるだろう。クライエントが，はいと答えたならば，僕たちは必要な資金を工面する方法について考

え出すか，資金が障壁とならないような新しいゴールに変えるかのどちらかで対応できるだろう。

　最も一般的な障壁としては，異なった活動同士が時間とエネルギーを奪い合う状況だ。そうした場合，僕たちはクライエントに「妥協できそうなこと，断れそうなことはありますか？　もしくは，時間とエネルギーをそこまで使わなくて済むことをすることにしてみますか？」と尋ねることができる。

　もちろん，ときには，障壁を迂回する方法が見つからないこともある。そうした場合，僕たちはクライエントがまた別のゴールを設定し，避けられない落胆や不満のためのスペースを空けることができるように支援する必要がある。

方略6　代償に直面させる

　むちではなくあめを使うことを強調してきたけれど，なにかをやり通すことができないことのもつ代償について，ときには現実的に，そしてより深く接触できるよう促すことも重要だ。そのようなとき，僕たちはクライエントに思いやりを持ち，穏やかな調子で，「もし今のあなたのやり方をこのまま続けていったら，あなたの健康や幸福，あるいは人間関係において，どのような犠牲が伴うでしょうか？　どのようなチャンスを逃すことになりそうでしょう？　1年後，あなたの人生はどのようなものになっているでしょう？　2年後，10年後はどうでしょう？」と尋ねるだろう。

　こうした質問は，僕たちを再び有効性の発想に立ち返らせてくれる。僕たちは，クライエントがアクションを起こさないこと，クライエントにとっての大きな見返りが存在していることを認めている。つまり，通常，クライエントは行動を起こさないことによって不快な気持ちから逃れることができているのだ。しかし，そこで，僕たちまでも，クライエントがそれに接触しないで済むよう支援してしまったとすれば，それは**長期的にみ**

て，クライエントが望む人生を歩むという意味で有効ではないのだ。

方略7　ウィリングネスを育む

　新たなスキルを練習することは，しばしば退屈だったり，めんどうだったりする。そして，僕たちを安全地帯から引っ張り出すようなゴールを追求することは，ほとんどの場合，大きな不安を引き起こす。そこで，もしクライエントが不快感のためのスペースを作ろうとしないのであれば，そのクライエントは言うまでもなくアクションを起こそうともしないことになるだろう。そんな場合，僕たちはクライエントに「あなたは大切なことをするために，何らかの不快な感覚を進んで感じようとしますか？」や「価値の的の中心に近づくためには，汗ばんだ手，胃が締めつけられる感じ，胸苦しさ，そしてあなたに恐ろしいことを言ってくる頭の中の声のためにスペースを作る必要があるのだとしたら，あなたは進んでそのスペースを作り出しますか？」と尋ねることができる。もちろん，これは「ゴールと価値をつなげる」という方略と重なるものでもある。

方略8　理由づけから脱フュージョンする

　僕はよくクライエントに次のように話す。「マインドとは理由づけマシーンなのです。私たちが何かちょっと安全地帯から足を踏み出すようなことを**考えた**だけで，すぐさま，それができない・するべきでない・するべきでなかったという，ありとあらゆる理由を次から次へと作り出します。その理由は，たとえば『疲れすぎるから，多忙だから，重要なことじゃないから，大変すぎるから，力不足だから，私にはできないから，失敗するから，不安すぎるから』といったものです。もし，私たちが人生で本当に大切なことをするために，マインドが理由づけするのをやめる日まで待つとしたら，僕たちは決してそれを始めることはできないでしょう」。もし

理由づけとのフュージョンが行動を起こすうえでの大きな障壁となっているなら，僕たちは自然なこととして，それをターゲットにした脱フュージョンを行い，おそらく，クライエントが自分自身に「お！ また来たな。『私にそれはできない物語』だ。ありがとう，マインド！」と話しかけるよう勧めるだろう。

方略9　サポートを得る

　ソーシャルサポートは，多くの場合，大きな原動力となる。クライエントには，自身の強い願望と達成を共有できるようなパートナー，友人，親類，同僚，あるいは近所の人，つまりクライエントを励まし，サポートしてくれそうな誰かを見つけることができるだろうか？　クライエントの成功を認め，応援してくれそうな誰かを見つけることはできるだろうか？　その目的に役に立つかもしれないような，クライエントが参加できる集団やクラスはあるだろうか？　一緒にランニングをしてくれるエクササイズ仲間や，宿題を手伝ってくれるような勉強仲間を，クライエントは見つけることができるだろうか？

方略10　リマインダーを使う

　クライエントは，自身のゴールが何であるかということを，いとも簡単に忘れてしまう。僕たちには，1枚の紙に現在のゴールを書き出し，クライエントがそれを確実に持ち帰ることができるようにすることで，この問題を解決することができる。リマインダーを作る方法についてブレインストーミングするのもいいだろう。クライエントには，自分のパソコンや携帯電話，カレンダー，あるいは日記を使って，メッセージを残したり，通知が来るように設定することができるだろうか？　クライエントのサポート・ネットワークにいる人物に，それを思い出させてくれるよう頼めるだ

ろうか？　鏡や冷蔵庫，車のダッシュボードに，メモを貼り付けることができるだろうか？　見ることでゴールを思い出させてくれるものなら何でもよい。たとえば，腕時計のバンドや手首につけるゴムバンドにステッカーを貼ったり，キーホルダーに小物を付けたりすることができるだろうか？

その他にも，クライエントに新しい行動の合図を送るために，繰り返し起こるような出来事を利用することもできる。たとえば，クライエントは夕食の後すぐに，あるいは朝目覚まし時計が鳴ったらすぐに，10分間の呼吸のマインドフルネス・エクササイズを行うかもしれない。これは，ゴールに時間的枠組みを与え，競合する活動が起こるのを防ぐのに役立つ。

さあ，実験だ！

- これらの方略のいくつか，あるいはすべてを，読者自身の生活の中で，重要だけれども行き詰まっている部分に適用し，読者にとって，その方略がどのように働くか確認してほしい。
- 動機づけの低いクライエントを1人選び，これらの方略のどれが最も役に立ちそうか考えてほしい。読者はそのクライエントに対して，どのように方略を導入するか計画を立て，次のセッションでそれを試してみてほしい。
- 僕は，クライエント向けの無料リソースのページとしてこの章の修正版を作成した。無料で www.actmindfully.com.au からダウンロードすることができる（英語）。動機づけの低いクライエントのひとりに対し，この無料リソースのページが役立つか試してみよう。

第13章

苦しい板挟み

　僕たちはときに次のような苦しい板挟みと格闘しなければならないことがある——「この関係を続けるべきか，別れるべきか？」「この仕事を辞めるべきか，続けるべきか？」「この科目を登録すべきか，別の科目を登録すべきか？」「手術を受けるべきか，受けないでおくべきか？」「子どもをつくるべきか，つくらずにおくべきか？」「仕事を重視すべきか，それとも家族を重視すべきか？」

　こういったとき，マインドはすぐに過熱状態になって，「正しい」決断を必死に下そうとする。ここで問題となるのは，僕たちが選択肢の中から最終的な決断を下すまでに，数日もしくは数週間，または数カ月から**数年**でさえ時間を費やしてしまうかもしれないということだ。その間，僕たちは濃い不安の霧の中をさまよい，「やるか，やらないか」をくよくよといつまでも考え込み，「今，ここ」にある生活を見失ってしまう。

　クライエントが苦しい板挟みを抱えていると，僕たちの側もすぐにその板挟みを解決しようとやっきになってしまう。これは至って自然なことだ。なぜなら，クライエントは苦悩の真っただ中にいて，僕たちはクライエントを助けたいと思っているからだ。もし僕たちがその板挟みを解消できるなら，クライエントの苦しみを終わらせることができるだろう。だからこそ，僕たちのマインドは問題解決モードを活性化させて，板挟みの原因を解き明かし，そのすべてをきれいさっぱり片づけてしまえそうなシンプルな解決策を見つけ出そうとする。

しかし不運なことに，たいていの場合その努力は失敗に終わる。僕たちがどれだけ熱心に探しても，そんなシンプルな解決策など見つからないだろう。そして結局，クライエントと同じように，僕たちもまた行き詰まりを感じることになるのだ。そこで，この章では，どんな板挟みにも使える10 ステップによるアプローチを紹介する。このアプローチを使えば，板挟みが解消されてもされなくても，クライエントは活力のある生活を送ることができるようになるだろう。

ステップ1：即時的な解決策は存在しないことを明確にする
ステップ2：それぞれの選択肢の費用対効果を分析する
ステップ3：完璧な解決策が存在しないことに気づくのを助ける
ステップ4：「選択しない」という道はないことを説明する
ステップ5：今日一日の選択を認識するよう求める
ステップ6：態度を明確にするよう促す
ステップ7：じっくりと考えるための時間をつくることを勧める
ステップ8：物語に名前をつけるのを助ける
ステップ9：エクスパンションの実践を促す
ステップ10：セルフ・コンパッションを育むのを助ける

ステップ1　即時的な解決策は存在しないことを明確にする

クライエントが生活のなかでの大きな板挟みにあっていて，もしそれがセッション中に解決しそうにない場合，それが解決しそうにないという現実を受け入れられるようクライエントを手助けすることから始めよう。たとえば，次のように伝えることができる。「どうやら，今日の面接のなかであなたが最終決断に到達する可能性は極めて低そうです。ひょっとしたら解決策が思いつくのかもしれませんが，しかし，やはり，難しそうです

第13章　苦しい板挟み　227

ね」

ステップ2　それぞれの選択肢の費用対効果を分析する

　板挟みのなかには，古典的な費用対効果分析で解決できるようなものもある。費用対効果分析では，それぞれの選択肢に対するコストとベネフィットをすべてリストにして書き出す。もしクライエントがすでにこの分析をやっていれば，それまでに役に立っていないとしても，この分析が必要であることについて同意してくれるだろうし，少なくとも改めて試みようとはしてくれるだろう。でも，もしクライエントがこの分析をまだやっていないか，中途半端にしかやっていない，もしくは頭の中だけでやって紙に書き出すまでに至っていないならば，必ずそれを試みるよう勧めるべきだ。それぞれの選択肢のコストとベネフィットのすべてをマインドフルに紙あるいはコンピューター画面上に書き出すことは，心の中でただ考えたり，友達と話したりすることとは大きく異なった体験になる。そしてときに結論を出すのに十分な助けになる。でも一方では，板挟みが困難なものになればなるほど，この方法は役に立たなくなるという不便な事実もある。なぜなら，一方の選択肢がもう一方よりも明らかに良いものだとしたら，板挟みなど最初から存在しないはずだからだ！

ステップ3　完璧な解決策が存在しないことに気づくのを助ける

　次に，完璧な解決策はないということをクライエントが気づけるよう手助けをする。

　セラピスト：あなたも知っての通り，この板挟みに完璧な解決策なんて

228　第2部　クライエントを行き詰まりから解き放つ

ありませんよね。もしあるとすれば，最初からあなたは板挟みを抱えてなどいませんでした。ですから，あなたはどちらを選択したとしても，結局その選択に不安を覚えるでしょう。それに，あなたのマインドが「それは間違った選択だ」と言って，そう選択すべきではなかった理由をあれこれ指摘してくるでしょうね。もしあなたが，間違った決断をするかどうか考えたり，不安にならなくて済む日まで待とうとしたりするなら，そうですね，永遠にそれを待つことになるかもしれません。

ステップ4　「選択しない」という道はないことを説明する

次のステップは，どんな板挟みであれ，クライエントが**すでに選択をしている**ということに気づけるよう手助けをすることである。

セラピスト：奇妙なことですが，実は板挟みを解決するのに，**選択しない**という方法は存在しないんです。もしあなたが仕事を辞めずに日々を過ごしているとしたら，それはその仕事に留まることをあなたが選んでいるということです。辞表を提出するその日までは，あなたはそこに留まることを選んでいるんです。

このアプローチは，その他の多くの状況でも活用することができる。たとえば，人間関係であれば，「あなたが毎日パートナーと別れずに過ごしているとしたら，それは今の関係を続けることをあなたが選んでいるということです。あなたが荷物をまとめて家を出ていくまでは，あなたはその関係を選んでいるのです」と伝えることができるかもしれない。医療に関する決断で言えば，「あなたがその手術の同意書にサインをしていないということは，それはあなたが手術をしないことを選んでいるということで

す」と伝えることができるかもしれない。

しかし，もしその板挟みが「仕事 vs. 家族」のようなものである場合，その板挟みは，実際には時間配分に関する葛藤といえるだろう（第7章を参照）。その意味で，クライエントは日や週，月といったレベルで，選択をすることができるだろう。クライエントはどのくらいの時間を家族と過ごし，どのくらいの時間を仕事に費やそうとしているのだろう？

ステップ5　今日一日の選択を認識するよう求める

次に，クライエントはすでになんらかの選択を行っているということを明確化するために，クライエントに対し，クライエント自身がすでに今現在，選択を行っているということを認識するよう求める。

セラピスト：では，あなたの選択をご自身で認識することから毎日をスタートさせてみるのはどうでしょう。たとえば，朝起きたときにご自身にこんなふうに言ってみるのです。「よし，これからの24時間は，今の関係に留まることを選択しよう」と。

この方法を使えば，クライエントは板挟みのなかで，自分自身が行う選択を明確化させることができる。他にも「これからの24時間，私は避妊薬を使い続けることを選ぼう」「これからの7日間，今の仕事に留まることを選ぼう」「来週は，仕事にX時間費やし，Y時間を家族と過ごすことにしよう」といった言葉が挙げられるだろう。

ステップ6　態度を明確にするよう促す

次のステップは，クライエントが自分の価値に基づき，自身の態度を明確にできるよう促すことだ。クライエントはすでになんらかの選択を行っ

230　第 2 部　クライエントを行き詰まりから解き放つ

ている。その選択が価値に沿った方向に基づいたものになれば，クライエントは活力やウェルビーイングといった感覚をより高めていくことができる。

> **セラピスト**：さて，あなたが選んできた状況のなかで考えると，これからの 24 時間，あなたはどうありたいでしょうか。この生活の状況のなかで，あなたはどんな価値に沿って生きたいと思いますか？　もしあと 1 日，今の関係に留まるとしたら，その 1 日あなたはどんなパートナーでありたいと思いますか？

　セラピストはこの質問を状況によって，次のように言い換えることもできる。「もしあと 1 日だけ，あなたが今の仕事に留まるとしたら，あなたはその日をどんな従業員として過ごしたいですか？」あるいは「もしあと 1 日その手術を受けずに過ごすことを選ぶなら，その 24 時間をどのように過ごしたいですか？」
　また，家族 vs. 仕事といった状況では，「あなたが家族と費やす時間のなかで，あなたはどんな親でありたいですか？　そして仕事に費やす時間のなかで，あなたはどんな従業員でありたいですか？」という質問に変えることができるだろう。

ステップ7　じっくりと考えるための時間をつくる

　次に，クライエントが自分の状況について，マインドフルにじっくりと考えるための時間を定期的に設けることを提案する。これを行うための最も良い方法は，ステップ 2 で紹介した方法だ。つまり，日記あるいはコンピューター画面を使って，それぞれの選択肢のコストやベネフィットを書き出すこと，そして，書き出したことで何か変化があったかどうか確認することだ。

クライエントには，選択する可能性のある生き方について，もしそのそれぞれをたどっていったとしたら，どんな人生になるだろうかと，それぞれの生き方のポジティブな面とネガティブな面の両方を想像してもらうことができる。たとえば，家族 vs. 仕事の板挟みにおいては，1つの選択肢は，1週間のうち30時間は家族と一緒に過ごし，50時間は仕事に費やすといったものかもしれない。別の選択肢は，1週間のうち40時間を家族と過ごし，40時間を仕事に費やすといったものになるかもしれない。

ほとんどのクライエントでは，このようなじっくりと考える時間を1回あたり10分から15分，それを1週間で3，4回持てば十分だろう。ただ実際の時間に関しては，それぞれのクライエントが自分で短くしたり長くしたり好きなように選ぶことができる。いずれにしても大切なことは，その時間を**マインドフル**にじっくりと考えることに費やすということだ。

> **セラピスト**：あなたが，ここで提案したようなじっくりと考える時間を有益なものにしようとするのであれば，これを「～ながら（例：テレビを観ながら，家事をやりながら，運転しながら，ジムに行きながら，料理をしながら）」でしようとしないことがとても重要です。ここでの目標は，ペンと紙，あるいはコンピューターと共にただ静かに座ること，そしてそれぞれの選択肢について良い点と悪い点を必要と思うだけ全部書き出してじっくりと考えること，それ以外の余計なことを何もしないということです。ほとんどの場合なら，週に3，4回，10分から15分の時間を設ければ十分でしょう。

ステップ8　物語に名前をつけるのを助ける

次のステップは，心配や反すうや分析麻痺の状態へとクライエントを容易に引きずり引っ張り込んでしまうような，役に立たない思考からの脱フュージョンを助けることだ。その際，物語に名前をつけてもらうことが効

232　第2部　クライエントを行き詰まりから解き放つ

果的な方法だろう。

> **セラピスト**：一日のいたるところで，あなたのマインドは，あなたをその板挟みへと連れ戻そうとしたり，何度も何度も考え込ませようとしたりするでしょう。
>
> **クライエント**：はい，まさにその通りです。
>
> **セラピスト**：もちろん，それはごく自然なことです。でも，もしそれが本当に役立つことだったなら，あなたは今頃すでにその板挟みを解決しているはずですよね？
>
> **クライエント**：でしょうね。
>
> **セラピスト**：では，この板挟みについて頭を悩ませるのに，これまでどのくらいの時間を費やしてこられましたか？
>
> **クライエント**：何百時間もですね。
>
> **セラピスト**：なるほど。では，「物語に名前をつける」というやり方を覚えていますか？
>
> **クライエント**：はい，あれはとても役に立ちました。
>
> **セラピスト**：いいですね！　それをまた使ってみることをお勧めします。あなたのマインドがあなたを引っ張り込もうとするときには，自分自身にこう言ってみましょう。「あ！　またなだ。『留まるか別れるか』物語だ。ありがとう，マインド君」と。そして，足の裏を床につけ，今この瞬間を感じ，そして何か有意義なことを実行することへと意識を向けましょう。「これについては後で，今日の『じっくり考える時間』までとっておこう」と思い出すことも役立つでしょう。

ステップ9　エクスパンションの実践を促す

　板挟みから解放されつつあるときでさえ，クライエントは，いずれにし

ても自分のした選択について不安の感情をほぼ確実に抱き，またその感情は何度も繰り返されるだろう。僕たちはこのことを思いやりをもってクライエントに思い出してもらうようにする。そこで，クライエントが何かを選択をするときには，「エクスパンション」の実践を促すのがよいだろう（「エクスパンション」は「アクセプタンス」の別の言い方で，心を開いて思考を受け入れるスペースを作り出すことについてクライエントに説明するのにふさわしい言葉だ）。このときのエクスパンションでは，不安の感情の中に息を吹き込み，広げて，感情を受け入れるためのスペースを作り出す。そして，「ここに不安がある」ということをクライエント自身が認めて，「誰だって，結果が見えないことに挑戦するときは不安を感じる。これは自然なことなんだ」ということを思い出すよう促す。

ステップ10　セルフ・コンパッションを育む

　読者に最後に心に留めておいてほしいことは，大切なのはクライエントがセルフ・コンパッションを育めるよう促すことだということだ。クライエントが自分自身を優しく扱い，自分に優しく声をかけ，役に立つ脱フュージョンのテクニックを使ってマインドの自己批判のおしゃべりと距離を置けるように励ますことが大切なのだ。僕たち人間は，ひとりの人間として，間違いを犯しうる存在であって，間違っても物事の確率を冷静に分析し「完璧な」答えを弾き出すような高性能マシーンなどではない。クライエントにはそのことを思い出せるよう促すことが大切だ。また何かを選択するということは，それ自体とても困難な作業だということも再確認しておこう。結局のところ，もしそれが簡単だったら，クライエントは最初から板挟みなど抱えていないのだから！

実践の継続を促す

　クライエントには，これまで見てきたようなサイクルを毎日繰り返すことを勧めよう。これを繰り返すことで，ときにはある一方の選択肢がより魅力的に見えるかもしれない。また，ときにはある一方の選択肢が選択できなくなる事態が生まれるかもしれない。でも，どちらの場合でも，もうそこに板挟みは存在しないだろう。

　もしその板挟みが解消されないままだったら，どうなるかって？　もしそうだったとしても，クライエントは少なくとも決断への不安という視界の悪い霧の中をさまよい歩くことから，そのときはもう，価値に沿ってマインドフルに毎日を送ることへと歩み出すことができるようになっているだろう。

❦　さあ，実験だ！　

- このアプローチを読者自身の生活の板挟みに適用し，どのように役立つか見てみよう。
- 苦しい板挟みのための10ステップのワークシートを，www.actmindfully.com.au の無料リソースのページからダウンロードしよう（英語）。自分で練習をして，次のセッションの際には，クライエントと一緒に実践してみよう。

第14章

自分を優しく抱きしめよう

　すべての参加者でポジティブな介入結果を示せた ACT の研究は，まだ一つも報告されていない。つまり，遅かれ早かれ ACT の実践家はその誰もが，どうにもならないほど行き詰まってしまっているクライエントと出会うことになるだろう。そして，そんなとき，僕たちにはそのクライエントを問題から自由にすることができないのだ。たとえ，僕たちが何をしようとも，どれほど力を尽くしても，どれだけ多くのスーパーヴィジョンを受け，アドバイスを仲間からもらっても，どれだけ ACT について創造的で，独創的で，柔軟であったとしてもだ。

　そんな状況を受け入れるのはとても困難に感じるかもしれない。そして，僕たちはあらゆる役に立たないマインドのおしゃべりとフュージョンしてしまうようになるだろう。特に，「私は無能だ」物語や，「私は劣ったセラピストだ」物語，あるいは「私には賢さが足りない」物語とフュージョンしてしまうかもしれない。こういったときに，僕たちはセルフ・コンパッションや，すべてのネガティブな自己評価から離れること，つらい感情のためにスペースを作ること，自分自身に優しく，思いやりを持ち，サポーティブでいることを実践する必要がある。

　当然ながら，同じことはクライエント側にも起こる。人間が行き詰まるとき，マインドは棍棒を取り出して僕たち自身を叩きのめすよう初期設定されている。かくして，固く行き詰まったクライエントは，ありとあらゆる厳しくてネガティブな自分自身への価値判断とフュージョンするように

なる。たとえば，そうしたクライエントは「私は弱い［役立たず，愚か，落ちこぼれ，怠け者，ばか，哀れなど］」とフュージョンするだろう。したがって，僕たちは僕たち自身がセルフ・コンパッションを養うだけでなく，クライエントもまたこれを養えるよう手助けする必要がある。結局，もし僕たちがすでに行き詰まってしまっているならば，これ以上，自分自身を叩きのめしたところで，さらに自分を行き詰まらせるだけだ。でも，もし僕たちが行き詰まりという危機を，セルフ・コンパッションを養うためのチャンスに変えることができれば，そのとき，何らかのポジティブな変化が生まれることだろう。

セルフ・コンパッション

　セルフ・コンパッションの研究で世界的な第一人者であるクリスティーン・ネフによれば，セルフ・コンパッションには3つの鍵となる要素がある（Neff, 2003）。

- マインドフルネス
- 優しさ
- 共通の人間性

マインドフルネス

　マインドフルネスはセルフ・コンパッションの核である。オープンになって，困難な思考や感情のためにスペースを作り，それらが僕たちの中を自由に流れていくことを受け入れ，囚われたり戦ったりしないこと，これはそれ自体でサポートすることや思いやりの行為そのものなのだ。

優しさ

優しさは，セルフ・コンパッションの2つ目の要素だ。これは自分を優しく扱うための，いくつかのシンプルな方法で構成されている。僕たちは優しさや思いやりであふれた言葉を使って自分自身に語りかけることができる。たとえば，「これは本当に耐え難いけれど，私にはうまく付き合うことができる」「これは本当につらいけれど，この苦痛がどれだけ大きくても，私はつらい気持ちのためにスペースを作ることができる」あるいは，「誰でも間違いをする。これはただ，私が人間であることを表しているだけ」と自分自身に話しかけることができるかもしれない。また，健康的な食事を作って味わったり，親しい友人と楽しく充実した時間を過ごしたり，好きな音楽を聴いたり，素晴らしい本を読んだり，温かい風呂にゆっくりと浸かったりするといった，優しく生活の質を高めることを通して，自分を安心させ，支えることができるだろう。さらに，僕たちはズキズキする自分のこめかみをマッサージしたり，こわばった首を揉んだり，苦しみを和らげるように心臓の上に手を置いたりして，自分に優しく触れることもできるのだ。

共通する人間性

セルフ・コンパッションの3つ目の要素は，僕たちに共通する人間性に関する考えだ。痛みや苦しみというものは一部の人間だけが経験するものではない。むしろ，すべての人間が共通してこうした経験をする。共通する人間性とは，このことを認識するための時間を持つことを意味する。僕たちは誰もが苦しむ。僕たちは誰もが行き詰まる。僕たちは誰もが人生の紆余曲折の過程で何度も傷つく。苦しむことは奇異なことでも，異常なことでも，病的なことでもない。それは僕たちが人のこころ（ヒューマン・マインド）を持っているということであり，人間であることの条件なの

だ。

最終手段なのか，あるいはスタート地点なのか？

すべてがうまくいかなかったときのために覚えておいてほしい大切なことがある。つまり，あなたがこの本にあるすべてのことを試みたのに，クライエントに何の変化も生まれず，行き詰まったままになったときのためのことだ。そんなときは，クライエントのセルフ・コンパッションを育むためにセッションを使ってほしい。そうすれば，そのセッションは実際にとても役立つものになるだろう。「行き詰まり」を，生活の質を高めるための力強いスキルへと変換できるということだ。でも，そうは言っても，セルフ・コンパッションをまったくの最終手段と考えてしまわないことも重要だ。特につらい喪失を体験したようなクライエントにとっては，セルフ・コンパッションはむしろ重要なスタート地点になりうる。

ACT モデルのいかなる要素とも同様に，セルフ・コンパッションを育むための方法は数多くある。ACT について書かれた他の書籍の中に見つけることもできるだろう。僕はこの本を，あるシンプルだがパワフルなもの，つまり「自分を優しく抱きしめる」エクササイズで締めくくるつもりだ。ただ，その前にひとつある重要なことについて考えておきたい。それは，僕たちはいつクライエントを他の実践家にリファーするかについてである。

どんなときリファーするのか

僕たちが心に留めておくべきことは，僕たちがセラピストとしてすべての答えを持ち合わせていなくても問題ないということだ。また僕たちが認識しておくべきこととして，セラピストとしての知識や技術には限界があるということがある。もしすべての答えを持ち合わせていない，提供して

きたテクニックが役に立っていないという状況に遭遇したら，そこには僕たちに見ていない何かがあるといえるだろう。そんなときは，質の高いスーパーヴィジョンを受けるか，あるいはそのクライエントを新しい実践家にリファーするべきだ。

　どんなときリファーすべきだろうか？　この質問に正解はない。誰もが自分なりのリファーの仕方を見つけなければならない。ここでは，僕自身の大まかなやり方を示しておこうと思う。まず，僕だったらこの本に書かれているすべてを試みる。もしそのいずれも役に立たなかったら，スーパーヴィジョンを受ける。そして，それでもクライエントが行き詰まったままなときは，クライエントをリファーすることにしている。だいたいの場合，僕は「行き詰まり」，つまり，心理的柔軟性の高まりが一切認められない状態が2セッション以上続きそうなときにはリファーを決断するようにしている。

自分を優しく抱きしめよう

　いよいよ，この本も最後を迎える。このセルフ・コンパッションが，読者と，読者のクライエントに役立つエクササイズとなることを願っている。今回についても，このエクササイズを読者にとってやりやすいように修正してもらいたい。たとえば，もし僕の言葉遣いが好みでなければ，あなた自身の言葉に言い換えてほしい（このエクササイズは，拙著 *The Reality Slap*（Harris, 2012, p.80）の中の，「セルフ・コンパッションのエクササイズ」を応用したものだ。もし望むなら，この録音を僕の CD/MP3 で聴くことも可能だ（The Reality Slap のエクササイズと瞑想〔英語〕は，www.actmindfully.com.au で利用できる）。

「自分を優しく抱きしめる」エクササイズ

　今日のような生活を送るなかで，あなたは何と戦い，何に苦しんでいるでしょう？　少し時間をとります。それがどのようにあなたに影響しているのかをじっくりと振り返り，そこで生まれる苦痛な考えや感情を認めてあげましょう。これにまつわるつらい感情に触れることができたら，次の4つのステップに進みます。

ステップ1　今この瞬間にいる

　数秒間のあいだ，あなたのマインドが今していることに気づきましょう。どんな言葉や映像が思い浮かぶでしょうか？

　これらの言葉や映像を，好奇心旺盛な小さな子どもになったつもりで観察してみてください。この物語が昔からあった親しみのあるものなのか，それとも新しいものなのか，注意を向けてみましょう。それは過去，現在，未来のどれに関するものでしょうか？　それはレッテルや判断，比較，あるいは予測を含んだものでしょうか？

　その考えに挑戦したり，それらを追い払おうとしたり，しないでください。それらが勝手にやって来て，留まって，そして去っていくのを，ただ観察しましょう。

　また，そこにやって来るさまざまな感情すべてに気づきましょう。やって来たのは，罪悪感や悲しみ，恐怖，怒り，それとも不安でしょうか？

　そうした感情を見つけたらそれに名前をつけましょう。たとえば，「ここに恐怖がある」「ここに悲しみがある」「ここに罪悪感がある」などです。

　また，あなたが感じるこれらの感情があなたの身体のどこにあるのかに注意を向けましょう。

　苦痛な感情を身体のどこに感じても，そこに焦点をあて，好奇心を持っ

たオープンな態度でその感情を観察しましょう。

その感情はどれくらいの大きさ，どんな形，どれくらいの温度をもっているでしょう？　それは身体の表面の方にありますか？　それとも，あなたの身体の内側にありますか？　あるいは，あなたの身体のとても奥深いところにあるでしょうか？　それは動いていますか，それとも，じっとしていますか？

その感情には，はっきりとした境界線や縁があるでしょうか？　それとも境界は曖昧で，輪郭もぼんやりしていますか？　それは何層くらいありますか？　身体の中を移動している何種類くらいの感覚をいくつ見つけることができるでしょうか？

ステップ2　広げる

次に，思いやりと優しさを持って，ゆっくりと深い呼吸をします。あなたの呼吸が，苦痛の内側や周りを流れ込むところをイメージしましょう。だんだんと，あなたの内側に広いスペースが開かれていきます。苦痛な感情の周りが膨らみ，広がり，苦痛な感情を置いておくのに十分なスペースができていきます。

その感情と戦ったり逃げたりする代わりに，それと和解してみましょう。戦うのを止めて，その感情がそのままでいること──その感情が勝手にやって来て，留まって，去っていくのを，許すことができるかどうか試してみましょう。

身体が締めつけられたり縮んでしまったりするような感覚，あるいは緊張があるならば，そのどんなものにも気づいてください。そして，それらにも息を吹き込みましょう。あなたの中から生じるすべてのものと和解しましょう。あなたのマインドのすべての言葉や映像，そして，身体のすべての感覚や感情と。

242 第2部 クライエントを行き詰まりから解き放つ

ステップ3 あなたの苦痛を優しく抱きしめる

　次に，あなたの片方の手で誰かに優しく思いやりを持って触れているところを想像してみましょう。今度は，その手をあなたが特に苦痛を感じる場所の上に優しく置いてみましょう。もし決まった場所が思いつかなければ，ただ心臓の上に手を置きましょう。

　優しくそっと押さえるように手を置くと，支えられているという感覚や安心感，慰めの感覚がもたらされます。

　あなたの手から身体へ，そして苦痛な感情の中や周りへと，温もりが優しく流れていくことに気づきましょう。

　あなたがこの苦痛を優しく抱きしめられるかどうか観察してみましょう。苦痛を柔らかくするように，苦痛をほぐすように，その苦痛が，まるで泣いている赤ちゃんか，あるいは珍しい貴重な蝶であるかのように，そっと包み込みましょう。

　大きな苦しみの中にいる愛する人に手を差し伸べるのと同じように，あなた自身に手を伸ばし，自分を優しく穏やかに抱きしめましょう。

ステップ4 あなた自身に優しく語りかける

　次に，あなた自身に優しい言葉をいくつか，静かに繰り返し語りかけましょう。

　自分自身を慈しむ（セルフ・コンパッション）というあなた自身の目的を思い出すのに，「穏やかに」「優しく」「気楽に」などと語りかけることができるでしょう。

　あなたには「これは本当につらいことだ」あるいは「これは難しいことだとわかっている。でも私ならできる」と語りかけることができるでしょう。

　お気に入りのことわざや格言を思い出すこともできるでしょう。もっともそれはあなたの苦痛を小さくしたり，払いのけてくれるようなものでは

ありません。

　もし失敗したり，間違えたりすることがあっても，「私は人間だ。そして，私が知っている他の誰もがそうであるように，私だってミスをするんだ」と思い出すことができるでしょう。

　あなたは，この苦痛が人間であるということの一部であることを思い出すかもしれません。どんなに思いやりのある人であっても，僕たちは皆，求めるものと手に入れたものにギャップがあったとき苦痛を感じるものです。それは苦しくて，困難で，不快なものです。あなたはそれを望んだことはないし，今もそれがほしいと思ってはいないでしょう。でも，それはここにあり，地球の他のどの人間も共通して持っているものなのです。

さあ，実験だ！

- 読者のクライエントの中で，セルフ・コンパッションを育むことが役立つのはどのクライエントか考えてみよう。
- この章で紹介したセルフ・コンパッションのエクササイズを自分で練習し，クライエントのひとりと一緒に実践してみよう。
- この本全体を，さらに14週間かけてもう一度繰り返してみよう。そのとき，ただ読むのではなく，実際に使ってみよう。やはり，一度読んだだけの知識をフルに使いこなすことは本当に難しいからだ。
- もし読者がこの本の内容で難しそうだと思う箇所があったなら，それをスーパーヴィジョンやACTのインターネット掲示板で話題に出したり，ACTを勉強している地元のグループで話し合ったり，ACTに親しい仲間で一緒に取り組んだりしてみよう。
- たとえ読者がここに挙げた「さあ，実験だ！」のどれをも行わないにしても，せめてセルフ・コンパッションだけは実践してみよう。そして思い出してほしい。読者は人間であり，僕たちは誰もが皆，ときに行き詰まるということを。そして，最も大切なことは，読者が，優しく，思いやりを持って読者自身を支えることなのだ。

文　献

Harris, R. (2009a). *ACT Made Simple: An Easy-to-Reader Primer on Acceptance and Commitment Therapy.* Oakland, CA: New Harbinger.

Harris, R. (2009b). *ACT with Love: Stop Struggling, Reconcile Differences, and Strengthen Your Relationship with Acceptance and Commitment Therapy.* Oakland, CA: New Harbinger.

Harris, R. (2010). *The Confidence Gap: From Fear to Freedom.* Camberwell, Australia: Penguin Group.

Harris, R. (2012). *The Reality Slap: Finding Peace and Fulfillment When Life Hurts.* Oakland, CA: New Harbinger.

Harris, R., & McHugh, L. (2012). Early draft for a forthcoming book on self-as-context.

Hayes, S. C. (2011). Discussion on the Association for Contextual Behavioral Science Listserv.

Luoma, J. B., Hayes, S. C., & Walser, R. (2007). *Learning ACT: An Acceptance and Commitment Therapy Skills-Training Manual for Therapists.* Oakland, CA: New Harbinger.

Neff, , K. D. 2003. "Self-Compassion: An Alternative Conceptualization of a Healthy Attitude Toward Oneself." *Self and Identity*, 2, 85-102.

Ramnerö, J., & Törneke, N. (2008). *The ABCs of Human Behavior: Behavioral Principles for the Practicing Clinician.* Oakland, CA: New Harbinger.

監修者あとがき

　本書の原著タイトルは，*Getting Unstuck in ACT: A Clinician's Guide to Overcoming Common Obstacles in Acceptance and Commitment Therapy* である（これを直訳すれば，「ACT における行き詰まりから抜け出す：アクセプタンス＆コミットメント・セラピーにおける共通の障害を乗り越えるための臨床家向けガイド」となる）。そして，原著は，*ACT Made Simple* の続編として公刊されたものである（ちなみに，*ACT Made Simple* は，『よくわかる ACT（アクセプタンス＆コミットメント・セラピー）：明日からつかえる ACT 入門』〔星和書店〕というタイトルで既に公刊されている）。

　「雪に"はまって"しまって車が動かない（立ち往生している）」という内容を英訳すると，"My car gets stuck in snow." となる。そして，そこから抜け出すことは，"My car gets unstuck in snow." と訳される。おそらく，多くの読者の方が，雪道に「はまって」しまったときに，いくらアクセルをフカしても，後輪がキュルキュルいうだけで（あるいは，雪をあたり一面に巻き上げるだけで），車はいっこうに前に進まない，という経験をお持ちではないだろうか。特に，運転免許を取り立てで，雪道が初めてのドライバーは（しかも，助手席に，つきあい始めたばかりの彼女でも乗っていたりすれば，なおのこと），焦ってしまって，アクセルをベタ踏みしてしまう。もちろん，車は動かない。しかも，後ろからは，クラクションがビービーと鳴らされる。助手席の彼女は，心配そうに，自分と後輪を交互に見ている。心臓がバクバクして，耳がどんどん赤くなっていくのが自分でも分かる……そう，名実ともに「空回り」している状態だ（それを「体験の回避」による悪循環ともいう）。

監修者あとがき　247

　ACT をしているときにも，同じような「はまって」しまうことは必ず生じる（もちろん，生じないに越したことはないのだけれど）。問題なのは，「はまって」しまうこと自体ではなく，そうなってしまった後の対応である。そして，上手な対応のポイントは「ACT セラピストは，そのセラピー中においても，常に ACT している」ことなのである。そうでなければ，いくら細かいテクニックを仕入れていたところで，残念ながら，その場で，それらを使うことはできない。つまり，本書は，「セラピー中に『はまって』しまったときのためのトラブルシューティング・テクニック集」ではない。むしろ，「ACT セラピストは，セラピー中も，どのように ACT に徹底しているのか」というスタンスを示す内容になっている。まさに，本の内容自体も，ACT に徹底しているのである。

　今回の翻訳作業では，監訳者や訳者のラインナップは，次世代を担う新進気鋭の ACT 研究・実践者で編成されている。もちろん，訳文も非常にこなれていて読みやすい。ACT をこれから学びたい，始めたいという読者は，少なくとも，〈『ACT をはじめる』（星和書店）→上述の『よくわかるACT』→本書〉という流れで読んでいただければ，まずは ACT の第一段階をクリアすることができるだろう。原著を丁寧に翻訳・監訳してくださった先生方に，そして今回も丁寧な編集作業をしてくださった桜岡さおり氏に感謝を申し上げたい。

2017 年 3 月 31 日

武藤　崇

●著

ラス・ハリス（Russ Harris）

医師，心理療法家，エグゼクティブ・コーチ。『よくわかる ACT』（星和書店），*ACT with Love*，および *The Reality Slap*，そして国際的なベストセラーである『幸福になりたいなら幸福になろうとしてはいけない』（筑摩書房）の著者である。国際的に評価されている ACT トレーナーでもある。オーストラリアのメルボルンに住み，実践に携わっている。

●監修

武藤 崇（むとう　たかし）

埼玉県生まれ。臨床心理士。1992 年に筑波大学第二学群人間学類を卒業，1998 年に筑波大学大学院心身障害学研究科修了（博士〔心身障害学〕；筑波大学）。筑波大学心身障害学系技官・助手（1998 〜 2001 年），立命館大学文学部助教授・准教授（2001 〜 2010 年）を経て，2010 年より同志社大学心理学部教授，現在に至る。ACBS（The Association for Contextual Behavioral Science）の日本支部である「ACT Japan」の代表（2010 〜 2014 年）を務めた。また，ネバダ大学リノ校客員研究教授として，S. C. ヘイズ博士の研究室に所属（2007 〜 2008 年）。2016 年に ACBS のフェロー（特別会員）となる。著書に，『応用行動分析から対人援助学へ：その軌跡をめぐって』（共著，晃洋書房，2016），『ケースで学ぶ行動分析学による問題解決』（共編著，金剛出版，2015），訳書に，『よくわかる ACT』（監訳，星和書店，2012）などがある。

◉監訳

三田村 仰（みたむら　たかし）

茨城県生まれ。臨床心理士。2004年に日本大学文理学部を卒業，2006年に日本大学大学院文学研究科修了（修士〔心理学〕；日本大学），2009年に関西学院大学大学院文学研究科を満期退学，2011年に博士（心理学；関西学院大学）を取得。京都文教大学臨床心理学部特任講師，関西福祉科学大学社会福祉学部講師等を経て，現在，みどりトータル・ヘルス研究所カウンセリングルーム非常勤心理士（2006年～現在），および立命館大学総合心理学部准教授（2016年～現在）。著書に『はじめてまなぶ行動療法』（金剛出版，2017），訳書に『不安障害のためのACT』（共監訳・共訳，星和書店，2012）などがある。

酒井美枝（さかい　みえ）

兵庫県生まれ。臨床心理士。2008年に琉球大学教育学部を卒業，2010年に琉球大学大学院教育学研究科修了（修士〔教育学〕；琉球大学），2014年に同志社大学大学院心理学研究科を修了（博士〔心理学〕；同志社大学）。心療内科・精神科やまうちクリニック非常勤心理士，同志社大学心理学部嘱託講師，同志社大学心理臨床センター相談員等を経て，現在，名古屋市立大学大学院医学研究科 精神・認知・行動医学所属，臨床心理士（2017年～現在）。著書に『55歳からのアクセプタンス＆コミットメント・セラピー（ACT）』（分担執筆，特定非営利活動法人 ratik，2017），『ACTハンドブック』（分担執筆，星和書店，2011）などがある。

大屋藍子（おおや　あいこ）

福岡県生まれ。臨床心理士。2009年に立命館大学文学部卒業，2011年に九州大学大学院人間環境学府修了（臨床心理修士〔専門職〕；九州大学），2015年に同志社大学大学院心理学研究科修了（博士〔心理学〕；同志社大学）。同志社大学心理臨床センター嘱託相談員，同志社大学心理学部嘱託講師，豊郷病院精神科非常勤臨床心理士，田辺メンタルクリニック非常勤臨床心理士等を経て，現在，国立循環器病研究センター動脈硬化・糖尿病内科非常勤心理士（2015年～現在），および神戸学院大学人文学部講師（2016年～現在）。著書に『55歳からのアクセプタンス＆コミットメント・セラピー（ACT）』（分担執筆，特定非営利活動法人 ratik，2017），『心理学からみた食べる行動』（分担執筆，北大路書房，2017）がある。

●訳

三田村仰　監訳者参照（序文担当）

酒井美枝　監訳者参照（第8，9章担当）

大屋藍子　監訳者参照（第1，2章担当）

土井理美　東京医科歯科大学大学院医歯学総合研究科 プロジェクト研究員（第7，12章担当）

田中善大　大阪樟蔭女子大学 講師（第3章担当）

野村和孝　早稲田大学人間科学学術院 講師（第5，6章担当）

佐藤友哉　新潟大学人文社会・教育科学系 講師（第10，11章担当）

瀬口篤史　医療法人桜桂会 犬山病院 臨床心理士（第4，13，14章担当）

使いこなす ACT（アクセプタンス&コミットメント・セラピー）
──セラピーの行き詰まりからの抜け出しかた──

2017 年 9 月 7 日　初版第 1 刷発行
2022 年 5 月 14 日　初版第 2 刷発行

著　　者　ラス・ハリス
監 修 者　武藤　崇
監 訳 者　三田村仰，酒井美枝，大屋藍子
発 行 者　石澤雄司
発 行 所　㈱ 星 和 書 店
　　　　　〒 168-0074　東京都杉並区上高井戸 1-2-5
　　　　　電話　03（3329）0031（営業部）／ 03（3329）0033（編集部）
　　　　　FAX　03（5374）7186（営業部）／ 03（5374）7185（編集部）
　　　　　http://www.seiwa-pb.co.jp

印刷・製本　中央精版印刷株式会社

Printed in Japan　　　　　　　　　　　　　ISBN978-4-7911-0963-0

・ 本書に掲載する著作物の複製権・翻訳権・上映権・譲渡権・公衆送信権（送信可能
　化権を含む）は ㈱星和書店が保有します。
・ JCOPY 〈（社）出版者著作権管理機構 委託出版物〉
　本書の無断複写は著作権法上での例外を除き禁じられています。複写される場合は，
　そのつど事前に（社）出版者著作権管理機構（電話 03-3513-6969，
　FAX 03-3513-6979，e-mail：info@jcopy.or.jp）の許諾を得てください。

よくわかるACT
（アクセプタンス＆コミットメント・セラピー）

明日からつかえる ACT 入門

［著］ラス・ハリス
［監訳］武藤崇
［訳］武藤崇、岩渕デボラ、本多篤、寺田久美子、川島寛子
A5判　464頁　本体価格 2,900円

ACT（アクセプタンス＆コミットメント・セラピー）の超・入門書。クライエントとの対話例やメタファー、臨床に使えるワークシートが豊富で、明日からでもACTを臨床場面で使いこなすことができる。

ACTをはじめる
（アクセプタンス＆コミットメント・セラピー）

セルフヘルプのためのワークブック

［著］スティーブン・C・ヘイズ、スペンサー・スミス
［訳］武藤 崇、原井宏明、吉岡昌子、岡嶋美代
B5判　344頁　本体価格 2,400円

ACTは、新次元の認知行動療法といわれる最新の科学的な心理療法。本書により、うつや不安など否定的思考をスルリとかわし、よりよく生きる方法を身につけることができる。楽しい練習課題満載。

発行：星和書店　http://www.seiwa-pb.co.jp　価格は本体（税別）です

ACTをまなぶ
（アクセプタンス & コミットメント・セラピー）

セラピストのための機能的な
臨床スキル・トレーニング・マニュアル

［著］ジェイソン・B・ルオマ、スティーブン・C・ヘイズ、
ロビン・D・ウォルサー
［監訳］熊野宏昭、高橋史、武藤崇
A5判　628頁　本体価格 3,500円

近年際立って関心の高まっているACTは、文脈的認知行動的介入であり、言語がもつ有害な機能と言語能力が人間の苦しみにおいて果たす役割に対して、解毒剤になりうるものを提供する。

ACTを実践する
（アクセプタンス & コミットメント・セラピー）

機能的なケース・フォーミュレーションに
もとづく臨床行動分析的アプローチ

［著］パトリシア・A・バッハ、ダニエル・J・モラン
［監訳］武藤 崇、吉岡昌子、石川健介、熊野宏昭
A5判　568頁　本体価格 4,500円

アクセプタンス&コミットメント・セラピーを実施するうえで必要となるケース・フォーミュレーションを主として解説。また、行動を見るための新鮮な方法も紹介する。

発行：星和書店　http://www.seiwa-pb.co.jp　価格は本体（税別）です

関係フレーム理論
（ＲＦＴ）をまなぶ

言語行動理論・ＡＣＴ（アクセプタンス＆コミットメント・セラピー）入門

[著] ニコラス・トールネケ
[監修] 山本淳一　[監訳] 武藤崇、熊野宏昭
A5判　396頁　本体価格 2,800円

ACTの基礎となるRFTについて、その概略と臨床適用のポイント、前提となる機能的文脈主義やオペラント学習の理論、スキナーによる言語行動やルール支配行動について分かりやすく解説する。

マインドフルに
いきいき働くための
トレーニングマニュアル

職場のためのＡＣＴ
（アクセプタンス ＆ コミットメント・セラピー）

[著] Ｐ・Ｅ・フラックスマン、Ｆ・Ｗ・ボンド、Ｆ・リブハイム
[監訳] 武藤 崇、土屋政雄、三田村 仰
A5判　328頁　本体価格 2,500円

職場でのストレスチェックが義務化された。本書で紹介するACTに基づくトレーニング・プログラムは、職場で働く人の満足感を高め、仕事の成績を改善し、良好な人間関係を築き、心の健康を増進させる。

発行：星和書店　http://www.seiwa-pb.co.jp　価格は本体（税別）です